JMP選書

コップの中の医療村
―― 院内政治と人間心理

中村哲生
医療法人社団永生会特別顧問

日本医療企画

はじめに

問題の本質はすべて人間関係にある

　これまで20年以上にわたり、在宅医療の現場監督をしてきました。現場を直接指揮してきたところ以外にも顧問などで間接的にかかわってきたところがあります。トータルするとその数は70か所を超えます。

　診療所や病院の経営者だけでなく、医療関連企業の方からも数々の相談を受けてきました。相談というより愚痴に近いものも多かったように感じます。

　医療機関が抱える問題は、職員が原因であることもあれば、経営者サイドに原因があることもあります。問題解決に向けて悩みながら取り組んできたなかで、いつもその本質は人間関係にあると痛感しました。これは医療にかかわらず、すべての事業に共通することだと思います。

　本来、本を書くときはプラス思考で成功事例を書いたほうが良いのかもしれません。しかし、今回の本はあえて失敗事例をたくさん書いてみました。失敗事例にはいつも共通項や法則があり、人間が持つ本能が関係していたり、さまざまな心理が作用しています。

　日頃、飲み会の席で仲間内で話すと、「皆、同じように悩んでいる」「自分だけではない」とつくづく思い知らされました。そして、いつも「これまでの経験を本にしたほうが良いのでは？」と後押しされ、今回はじめて本を書くことにチャレンジしました。

執筆にあたり、「どんな方に読んでもらいたいですか？」と質問を受けたことがあります。はじめは医療法人の経営者が対象だと思っていましたが、書き進めるうちに医師や看護師などの職員にも読んでいただけるのではないかと考えました。
　さらに、医療機関に限らず、介護・福祉分野や薬局など医療関連施設にお勤めの方からも共感をいただき、医療とはまったく関係のない方からも「面白いです」「自分たちの会社も同じです」と言われました。
　この本を読むと勤務先にいる誰かの顔が浮かんでくるかもしれません。また、勤務先で同じようなことが起きているのではないでしょうか。
　この本には医療現場の人間関係に関する内容だけでなく、在宅医療の裏話についても書いてあります。また、章によっては医療経営的なアドバイスも加えました。
　なんとなくサラッと読み進めていただき、興味のあるページはじっくり読んでください。

2017年4月
中村哲生

もくじ

はじめに　問題の本質はすべて人間関係にある ―― 2

第1章　患者は知らない在宅医療の真実

　28歳で在宅医療をはじめる ―― 10
　事務長の仕事は政治家の仕事に似ている ―― 15
　在宅医療に必要なモノ ―― 16
　往診の距離には決まりがある ―― 18
　在宅医療マインドとは？ ―― 19
　風と共に去りぬ ―― 21
　在宅医療の廃棄物 ―― 23
　薄利多売と効率化 ―― 24
　病院再編により老人ホームの病院化が進む ―― 27
　医療と介護のIT化 ―― 29
　在宅医療の夜の主役が変わる ―― 33
　人生の最期はどこで迎える？ ―― 37

第2章　辣腕事務長が明かす　「開業」「集患」「採用」戦略

　地域に選ばれる在宅医療診療所の条件 ―― 42

できない理由には大きなビジネスチャンスが
隠されている ―― 49
診療所の大きさはどのくらいが理想？
――「つぼ八」の法則 ―― 53
医療・介護における勝ち組の方程式 ―― 57
診療所のステージで必要な人材は違う ―― 60
人材紹介会社と折り込みチラシ ―― 64
面接ではほとんどわからない ―― 67
面接で起きた変わった出来事 ―― 70
PULL型営業とPUSH型営業 ―― 72
紹介礼状の効果的な使い方 ―― 75

第3章　プライドVS.女社会
医療現場に巣食うトラブルメーカー

免許取得者はプライドのカタマリ ―― 80
医療機関は猿山と同じ ―― 83
医師の損得勘定 ―― 86
院長が忙しいとダメ ―― 89
立場が上の人を褒めてはいけない？ ―― 91
リーダーになんかなりたくない ―― 93
部下には公平なえこひいきをしよう ―― 96

立場によって見える景色が違う ── 99
魔女狩り ── 103
裸の王様 ── 107
はじまりはいつも無視 ── 108
嫉妬と陰口 ── 113
告げ口外交と女帝の暗躍 ── 116
ハニートラップ ── 118
ただ言いたいだけの女性職員 ── 119
職員をうつ病にさせていないか？ ── 122
他人の不幸は密の味 ── 124
共通の敵をつくる ── 127
同じ土俵に乗ってはいけない ── 130

第4章　地域の信頼を勝ち取るための患者クレーム対応術

クレームをチャンスにするか、
ピンチにするか ── 134
クレーマーの確定診断法 ── 138
宅配便と同じだよ ── 141
家族は負い目があるからこそ強く出る？ ── 143
家族構成と介護力 ── 146

在宅医に必要な身だしなみ ── 151
医師の話がやたらと長い ── 153
そりゃ治らないでしょ ── 156
お金にシビアなはずの高齢者の矛盾 ── 158
訪問先で渡されたチップ100万円 ── 162
医療機関を悩ませる財産トラブル ── 166
生活保護にはプロがいる ── 168
老人ホームからの夜間の電話 ── 171
老人ホームと精神科医師 ── 173
老人ホームのパンフレットは誇大広告？ ── 176

第1章

患者は知らない在宅医療の真実

28歳で在宅医療をはじめる

●きっかけは本屋で手にした『厚生白書』

　Oクリニックは売り物件として出ていた訳あり物件でした。訳ありの詳細については割愛しますが、外来患者さんが来ない診療所であったのは間違いありません。この診療所で働く前はゴルフ場へ芝刈り機の営業をしていました。

　東京都庁の本屋さんでたまたま手に取った本は『厚生白書』でした。その『厚生白書』には在宅医療の未来が書いてありました。「もしかしたら外来なしで医療の経営ができるのでは？」と思った瞬間でした。

　今から25年前（1992年）、患者さんが来ないという理由で仕方なくはじめたのが在宅医療です（**図表1-1**）。当時、僕はまだ28歳でした。在宅医療をしている医療機関はほんのわずかで、在宅医療を専門ではじめたのは日本で最初かもしれません。当然、ライバルなんていません。

　当時のお年寄りは何回受診しても1か月の自己負担はたったの310円でした。ものすごく手厚い社会保障だったのです。それもほんの25年前のことです。

　その後、医療費の自己負担の上限は1か月310円から520円、520円から830円、830円から1,050円へとどんどん上がりました。さらに1割負担になり、2割負担になり、今後は3割負担へと向かっていきます。世界中でこんなに安い医療費の国はないのではないでしょうか。

図表1-1 在宅医療の歴史

西暦	在宅医療点数の変化	時代背景	在宅医療の年数
1981	往診料ができる	ピンク・レディー解散	
1984	緊急往診の加算ができる	グリコ・森永事件	
1986	在宅医療の推進がはじまる 訪問診療料ができる 各種の指導管理料ができる 訪問診療の概念ができる	ファミコン、おにゃんこが流行語大賞に 泉重千代死去(120歳) 男女雇用機会均等法施行 チェルノブイリ原発事故	元年
1988	在宅経管栄養指導管理料新設 自己導尿指導管理料新設 理学療法指導管理料新設 痴呆患者指導管理料新設	イラン・イラク戦争 となりのトトロ上映 東京ドーム完成 ドラゴンクエスト大ヒット	2
1990	訪問看護新設 (准看護師の指導料も同時に新設される) 在宅人口呼吸指導管理料新設 悪性腫瘍指導管理料新設	東西ドイツが統合 日本人初の宇宙飛行 ローリング・ストーンズ初来日 おどるポンポコリン大ヒット	4
1992	寝たきり老人在宅総合診療料新設 在宅自己疼痛指導管理料新設 情報提供料新設 在宅療養指導料新設	大学入試センター試験がはじまる 新幹線に「のぞみ」登場 PKO協力法案可決 松井秀喜5打席連続敬遠される	6
1994 (前期)	在宅時医学総合管理料新設 在宅末期総合診療料新設 看取り加算新設	細川政権にて福祉目的税廃案(1993年) 三浦一美さん襲撃事件(ロス事件)公判はじまる 高速増殖炉もんじゅ初臨界	8
1994 (後期)	診療所老人医療管理料新設 ターミナルケア加算新設 寝たきり老人末期訪問料新設 訪問栄養指導料新設 訪問薬剤管理指導料新設	松本サリン事件 製造物責任(PL)法成立 戦後初の1ドル100円割れ 日本人女性初の宇宙飛行(向井千秋) 消費税率5%に引き上げ	8
1996	在宅末期総合診療料を老人にも適用 在宅患者末期訪問看護指導料新設 各種管理料の点数引き上げ	薬害エイズ法廷で責任追及 東京三菱銀行発足 広島の原爆ドーム世界遺産に登録される	10
1997	寝たきり老人訪問麻薬管理料の点数引き上げ	ダイアナ妃パリで交通事故死	11

年	在宅医療関連	社会の出来事	
1998	寝たきり老人在宅総合診療料に加算を付ける 24時間連携加算(Ⅱ) 在宅患者血液自己透析指導管理料新設	長野オリンピック開催 和歌山毒物カレー事件 タイタニック大ヒット	12
2000	在宅総合診療料に24時間加算が加わる 救急搬送診療料新設 在宅肺高血圧症指導管理料新設	介護保険制度導入 国会で初の党首討論開催 ストーカー規制法成立	14
2002	史上初診療報酬マイナス改定となる 在宅自己注射、注射針加算新設 人工鼻加算新設	小泉政権聖域なき改革 住民基本台帳稼働 ゆとり教育スタート	16
2004	リハビリーションに言語聴覚士が追加される 在宅点数に点滴注射が新設	拉致被害者5人帰国 BSEによる米国産牛肉輸入禁止	18
2006	老人点数と一般点数が一本化される 在宅療養支援診療所の制度がはじまる 看取り数の報告義務化	石綿新法(通称アスベスト法)成立 耐震強度偽装事件 障害者自立支援法施行	20
2008	老人ホームを退院後の施設と位置付けた 重傷者への訪問看護の点数引き上げ 他職種のカンファレンスが点数化	イージス艦東京湾口で漁船に衝突 アップル社「iPhone」日本で発売 後期高齢者医療制度スタート	22
2010	往診料の引き上げ 同一建物の定義ができ訪問診療料の点数が下がる 在宅移行早期加算新設	日本航空会社更生法適用申請 子ども手当法・高校無償化法施行 社会保険庁廃止	24
2012	在支診に常勤医師の配置を3名以上とする 緊急往診と看取り数の実績を算定条件とした 在宅がん医療総合診療料と名称を変更する	東京スカイツリー完成 フェイスブックが上場 米国のオスプレイ日本に配備	26
2014	老人ホームへの訪問が1日1名となる 地域包括診療料新設 すべての病院に在宅復帰率を導入 療養担当規則に在宅医療不適切事例の適正化 (老人ホームなどへのバックマージンの禁止) 機能強化型訪問看護ステーション導入	消費税8％に引き上げ STAP細胞事件 ソチオリンピック開催 アナと雪の女王上映 一般用医薬品のインターネット販売解禁 御嶽山噴火	28
2016	老人ホームの訪問数はまとめ訪問が可能に 医療依存度による加算が加わる 施設で診る人数により点数が変わる 在宅医療専門クリニックが認められた	18歳選挙権施行 リオオリンピック開催 築地移転問題 ポケモンGO大ヒット	30

●給料遅配で、看護師全員が辞める

 話が逸れました。ライバルなどまったくいない時代(いわゆるブルーオーシャン)ですから、あっという間に黒字になるだろうと思っていたのですが、そんな簡単にはいきません。在宅医療のノウハウなどまったくありませんでしたから、あっという間に借金が膨らみました。

 自分の給料を取れない期間が10か月くらいあり、その間は朝刊配達をしながら昼間クリニックに出勤して、なんとか食いつないでいました。

 ある日、クリニックのお金が足りなくて職員の給料を遅配してしまいました。給料の遅配の日数は2日間です。たった2日間の遅配で3人いた看護師は全員辞めていきました。事業をはじめたら給料の遅配は絶対ダメだと自覚した瞬間でした。院内で行っていた訪問看護は地域の訪問看護ステーションにお願いし、仕切り直しで再び看護師を募集していきました。

 ちょうどその頃、自民党の加藤紘一幹事長(当時)が「銀行の貸し渋り対策」をしてくれました。そのおかげで、まとまったお金を借りることができたので、資金繰りの仕事が一段落しました。お金の心配がなくなり、患者さん獲得の営業に専念できるようになったのです。

●在宅医療は攻めの医療

 「診療所が営業って何で?」と思う人がたくさんいるかもしれません。在宅医療は営業ができるのです。

 外来は待ちの医療ですが、在宅医療は攻めの医療です。在宅医療はクリニックでジッと患者さんが来るのを待つものではな

く、営業して集患することができます。すべての患者さんはどこかからの紹介ではじまります。

　紹介元は主に病院、在宅介護支援センター、保健所、訪問看護ステーション、看護師家政婦紹介所、老人ホームなどでした。当時はまだ介護保険制度ははじまっていません。ケアマネジャーなるものは、まだ存在しません。

　ちょうど私が在宅医療をはじめた翌年、細川政権で提出された福祉目的税は廃案になりました。やはり税と名のつくものは皆さんから嫌われるようです。その後、2000年に介護保険制度がはじまりました。この頃のほとんどの患者さんは病院から直接の紹介です。介護保険制度がはじまってからは居宅介護支援事業所のケアマネジャーからの紹介が多くなりました。

　当時、貸し渋り対策でお借りした金額は5,500万円です。順調に集患が進み、当時の借金5,500万円は2年で返済することができました。

事務長の仕事は政治家の仕事に似ている

「事務長とは何をする仕事ですか?」と、よく聞かれることがあります。僕が考える事務長の仕事は、政治家の仕事に似ています。僕は政治家の仕事を次のように考えています。
① 法律をつくる
② 予算を決める
③ 正しく法律が施行されているかチェックする
④ 雑用

事務長の仕事に置き換えると次のようになります。
① 法律をつくる=診療所のルールをつくり、規定を決めたり、運用方法を考えます
② 予算を決める=重点ポイントを決め、設備投資や人員配置などを考えます
③ 正しく法律が施行されているかチェックする=不正請求や無駄な経費がないか院内監査をします
④ 雑用=雑用

これがメインの仕事です。人事や総務の仕事もあれば、問題が起きたときにその対策を考えたりします。

在宅医療に必要なモノ

●経営に必要な「人」「物」「金」+α

よく経営は「人」「物」「金」と言います。最近はその3つに加え「時間」と「情報」が必要です。在宅医療の場合は、もしかすると「人」「金」「時間」「情報」がキーワードかもしれません。

●人

在宅医療において一番重要なのは、「人」です。医師や看護師が稼いでくれます。この人たちの採用を止めてしまうと収入は増えません。まさに仕入れです。優秀な人材がたくさんいる医療機関は自然と患者さんが増えます。

●物

実は、在宅医療において「物」は、あまり重要な要素ではありません。通常の診療所であれば設備投資は必要でしょうが、MRI、CT、レントゲンなど大きな設備は必要ありません。

●金

在宅医療においても「金」は大切です。一般の診療所の開業と比べると安価で済みます。とはいえ、資金が不足しているとストレスになります。開業から半年分くらいの運転資金は必要になります。運転資金のほとんどが人件費です。とりわけ医師のお給料が一番かかります。

●時間

在宅医療における「時間」とは、効率性のことになります。移動時間や事務作業の効率化は在宅医療における重要なポイントになります。

事務作業の効率化はとても大切です。開業当初から在宅医療に適したシステムを導入することで事務員の人件費を抑えることができます。安易に電子カルテやレセプトコンピュータを導入してしまうと、「安かろう、悪かろう」で数年経ったあとの人件費が大きく変わってしまいます。

すでにデータの入ったシステムを途中から変更するのはとてもエネルギーを使います。また、システムを導入してすぐは業務が増えますが、業務が落ち着いたからといって事務員をクビにはできません。

はじめによく検討して、「安物買いの銭失い」にならないでください。ご質問いただければ、どこのシステムが良いかこっそりとお教えしますよ。

●情報

在宅医療における「情報」とは、老人ホームの新規案件や診療報酬改定の動向などです。「情報」入手は在宅医療の売上に大きく関係します。

まさに情報力が営業力となります。そして、情報力とは対外的な人間関係の強化につながります。人間関係づくりは一朝一夕でできるものではなく、数年かけてコツコツ人脈を広げていくしかないですね。

往診の距離には決まりがある

●往診の距離は半径16km

　一般の方や在宅医療を行っていない医療機関の方は知らないと思いますが、往診の距離には、半径16kmという制限があります。半径16km＝直径32kmですね。意外と広いのです。

　東京都内でしたら、東京の真ん中に診療所があれば、ほぼ23区全域をカバーすることができます。しかし、日中の渋滞などを考えれば、実際は半径5kmくらいが妥当です。地方でしたら、半径16kmではとてもカバーできないかもしれません。近年、この距離に関する監査が厳しくなってきています。

●交通費は患者さんに請求できる

　交通費の徴収についてもあまり知られていませんが、往診にかかる交通費は徴収して良いことになっています。医師が往診にあたり、電車、バス、タクシーなどを利用した場合は実費相当を患者さんに負担してもらえます。自家用車で往診した場合も患者さんから徴収することができます。

　しかし、自転車やスクーターで往診した場合は交通費を徴収してはならないという規定があります。面白い規定ですよね。自転車やスクーターのほうが雨風に弱くて、先生の体力も使い大変なのに交通費が徴収できないのです。

　確かに患者さんから見れば、自転車であればガソリン代もかからないから無料ということですね。この規定を作成した厚生労働省のお役人さんは患者さん目線ですね〜。

在宅医療マインドとは？

●患者さんや家族の気持ちを理解する

　在宅医療マインドとは、どういうことかと言いますと、僕は「患者さんや家族の気持ち」と理解しています。

　病院の医師や看護師は患者さんの家庭環境や経済力、家族関係などはあまり関係なく、治療が本質になります。一方、在宅医療の現場では、医師は患者さんのご自宅に行き、今まで見えなかったモノが見えてきます。アスベストがむき出しの家やゴミ屋敷のようなお宅もあれば、老人の独居、とてつもなく大きな豪邸もあったりします。実にさまざまなお宅に入ります。

●終末期の演出家

　さて、在宅医療のなかには在宅末期医療というものがあります。病院に入院していた余命わずかの末期がん患者さんがご自宅で最期の時間を家族とともに過ごします。最後の1か月～数か月、患者さんは家族とどのような時間を過ごせるのでしょうか。皆さんそれぞれいろいろな思いがあります。

　医師や看護師はそんな患者さんや家族のサポーターであり、演出家でもあります。最期の思い出づくりをします。残された家族が後悔しないように、患者さんが最期まで苦しまず、慣れ親しんだご自宅で生活ができるような医療を提供しなければなりません。

　医師や看護師は自分のやりたい医療ではなく、生活をサポートする医療を行います。もちろん、最期まで積極的な医療を望

む患者さんや家族もいます。

●「あえてやらない」という選択

失敗例を紹介します。現在、入院中の末期がんの患者さんが退院してきます。奥様ががん患者さんでご主人が介護者になります。2人の思いは病院で最期を迎えるのではなく、慣れ親しんだ思い出のあるご自宅のベッドで過ごしたいということでした。

病院を退院されて、自宅に戻りました。初診で訪問した医師と看護師は「このベッドだと床ずれができちゃうから、介護用のベッドに変えましょう」と提案しました。ご主人は怒りました。「お前ら帰れ！　もう来なくていい」と言います。

このご夫婦はこのベッドで最期を過ごしたかったのです。思い出のベッドを変えてはいけません。

おそらく医療的、介護的には褥瘡ができないように、介護ベッドや介護用のマットに変えることは正しい判断なのでしょう。でも、在宅医療では正しくなくなってしまいます。やらない医療もあるのですね。

病院に長く勤めていた医師はこうした在宅医療マインドがわかりません。在宅医療の医療機関で半年、1年と経験していくうちに在宅医療マインドは育っていきます。

風と共に去りぬ

●効率的な訪問スケジュールを作成しよう

在宅医療で効率化できる業務は2つしかありません。1つは訪問中の移動時間の短縮、もう1つは事務作業の軽減です。

訪問診療や訪問看護の滞在時間を短縮することは質の低下につながります。地域の評価を下げずに訪問件数を増やすためには、滞在時間を減らすのではなく、移動時間を短縮ことが大切です。

移動時間を短縮する方法は極めて単純で、近くにいる患者さんから順番に回ります。患者さんの家から次の患者さんの家までの移動時間がかからないような効率的な訪問スケジュールをつくりましょう。

訪問可能な距離は法律上、診療所の半径16km以内と決められています。診療所の立地によって、縦方向の移動が効率的であったり、横方向の移動がスムーズであったりしますので、実際の訪問エリアは楕円になります。大きな川を越境する場合は交通渋滞などにより、訪問時間が長くなりますので、周囲の交通状況などを考慮しながら訪問エリアを決定します。

貪欲に患者さんを獲得したい開業間もない時期は、非効率なスケジューリングになっても仕方がありません。売上を確保するための我慢の時期と考えてください。訪問スケジュールは点から線へ、線から面へと成長していきます。

在宅医療の場合、外来では3分で済むような診療でも最低10分はかかります。重傷者で処置などが必要な場合は、1時

間くらいかかることもあるかもしれません。

軽症の患者さんばかりを診ている診療所では、「こんにちは」「調子はいかが？」とバイタルを測って、4分ほどの滞在時間で「じゃあまたね〜」と次の訪問先へ向かいます。僕はこんな在宅医療の診療所のことを「風と共に去りぬ」と呼んでいます。

●患者数に比例して増える膨大な事務作業

もう1つ在宅医療で効率化できる業務は事務作業です。患者数が40〜50人までのところでは、あまり事務作業の効率化という発想にはならないかもしれません。80人、100人、120人、150人と患者さんが増加していくと、事務作業の量は想像を超えるほど膨大になります。

訪問計画や予定表、レセプト、情報提供書、物品の管理など、1つひとつの業務は数分で終わるかもしれませんが、患者さんが増えると業務負荷が一気に増大します。

開業時にあまりお金をかけたくないという気持ちは理解できますが、開業時にきちんと考えてシステムを導入しないと、「安物買いの銭失い」となってしまいます。事務員の人件費と比べれば、システムのリース代など安いものです。

儲かる在宅の医療機関は医師（稼ぎ手）が多く、事務員（稼がない人）が少ないという特徴があります。逆に医師がたった1人しかいないのに事務員2人、MSW（メディカルソーシャルワーカー）1人、事務長1人というクリニックは、まったく儲かりません。在宅医療の医療機関は医療機器などの設備投資が少ない分、システムやコピー機などにはお金をかけてください。

在宅医療の廃棄物

●同じ紙おむつでも出所により処理方法が違う

　在宅医療における医療廃棄物について紹介します。現在、廃棄物は出所によって名称と扱いが違います。

　たとえば、お年寄りが使用していた紙おむつは、病院から出るものは「感染性医療廃棄物」と呼ばれます。老人ホームから出れば「産業廃棄物」となり、自宅から出ると「一般ごみ」となります。同じ紙おむつで、同じ病名でもどこから出るかで違うゴミになります。

　処理費用が一番高いのは感染性医療廃棄物です。在宅医療の場合は地域によってルールに差があり、東京都では東京都医師会と東京都との間で注射などの針については医療機関が持ち帰り、それ以外の場合は一般ゴミとして排出して良いと合意されているそうです。しかし、同じ東京都内であっても区によってルールが異なることもあります。

　注射針もキャップをすれば、そのまま一般ごみとして排出して良いというところもあるようです。市区町村単位でルールが異なり、特に国の方針はないようです。

　腐って落ちてしまった指などの「病理廃棄物」については、指針がないようです。実際にそういうケースではクリニックが持ち帰って処理しているのでしょうが、法律上はそのまま一般ごみで捨てても問題はありません。ごみ収集の方がそんなものを見たら殺人事件かと思ってしまいますよね。

薄利多売と効率化

●増え続ける高齢者と社会保障費

これからの医療は薄利多売になります。社会保障費は高齢者人口の増加により、毎年どんどん上がっていきます（**図表1-2**）。

そこで政府は社会保障費を下げる決定をしました。日本の税収は国・地方を合わせると約100兆円です（平成28年度予算）。社会保障費だけでマイナスになっています。

高齢者人口は増えるのに、社会保障費を下げるということは、患者さん1人当たりの単価を下げるということです。安い金額でたくさんの患者さんを診なければ、医療機関の経営が成り立

図表1-2 社会保障に係る費用の将来推計

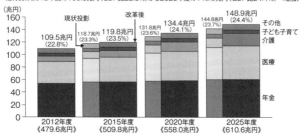

注1：「社会保障改革の具体策、工程及び費用試算」を踏まえ、充実と重点化・効率化の効果を反映している。
（ただし、「Ⅱ 医療介護等 ②保険者機能の強化を通じた医療・介護保険制度のセーフティネット機能の強化・給付の重点化、逆進性対策」および「Ⅲ 年金」の効果は、反映していない。
注2：上図の子ども・子育ては、新制度の実施等を前提に、保育所、幼稚園、延長保育、地域子育て支援拠点、一時預かり、子どものための現金給付、育児休業給付、出産手当金、社会的養護、妊婦健診を含めた計数である。
注3：（ ）内は対GDP比である。《 》内はGDP額である。

出典：厚生労働省「社会保障に係る費用の将来推計について」

たない時代が来ています。まさに薄利多売です。

●医師の給与はどんどん下がる？

しかし、医師に「患者さんをたくさん診てほしい」などと頼むとすぐに辞めてしまいます。他に給料の良いところがまだまだたくさんあるからでしょう。医療機関は人が辞めるたびに少しずつ医師の給料を下げていきます。

いずれ医師全体の給与水準が下がる日が来ます。歯科はここ十数年の間に、医師の給与水準が下がり続けました。同様に医科の世界でも医師の給料が下がっていくようになるでしょう。

医学部の定員が増加されました。やがて日本は人口減少が起こります。そうすると先ほどの社会保障費とは逆の話で、人口は減るのに医師の数が増え、その結果、医師の給与が下がるという構図になります。

医療は薄利多売の世界に変わらなければならないのに、多くの医師はそうした意識がまだまだ希薄です。国の資料には「効率化」という言葉がたくさん出てきます。面白いもので、「効率化」という言葉を聞いて儲かると錯覚する医師がいます。ひょっとしたら、錯覚するように書いているのかもしれません。効率化＝薄利多売です。

●医師は医師にしかできない仕事をする

薄利多売は医療の質の低下につながるかもしれません。質が低下すると患者さんは他の医療機関に行ってしまいます。他院との我慢比べです。よそよりも質を落とさずに薄利多売にしなければいけません。

これからの時代は効率化という流れのなかで、医師が受け持

っていた仕事を看護師や薬剤師など、より所得の低い職種にシフトしていきます。医師は医師にしかできない仕事をします。

医療コストを下げるために、医師の業務の一部が看護師や薬剤師に開放される一方で、看護師の仕事の一部は介護ヘルパーに移行されていきます。2010年に介護ヘルパーが痰の吸引をできるようになりました。看護業務の一部を介護ヘルパーの業務に変える規制緩和です。

いずれにしても、医師や看護師に「薄利多売の世界が来るよ」ということを理解してもらう必要があります。医療の人たちはコスト意識が薄い方が多いようです。

老人ホームの訪問診療に関する診療報酬の点数が下がりました。「厚生労働省は在宅医療を推進するとずっと言ってきたのに、手の平を返した」と怒っている医師がいます。

厚生労働省は今も昔もずっと在宅医療を推進しています。推進しているからこそ、点数を下げたのです。社会保障費の財源が足りないなか、安い点数でたくさんの人を診てもらうことが目的です。

これからは「薄利多売」「効率化」という方向にどんどん変わっていきます。今後はもっと点数が下がっていくでしょう。医師は処方箋だけをドンドン出すような時代になっていきます。

病院再編により
老人ホームの病院化が進む

●病院はどこも我慢比べ

これから病院の再編がはじまります。社会保障費の増大により財政はすでに破たん寸前です。国の政策では病院のベッドを減らす方向になっています。とはいえ、どこの病院も「では辞めます」ということにはなりません。生き残りをかけ、必死に努力しています。

厚生労働省は「在宅復帰率」や「看護必要度」の基準を厳格化しながら、病院の入院患者を減らそうとしています。いわば兵糧攻めです。一方で高齢者数の増加のスピードも速く、病院は救急車の受け入れを増やすことで、なんとか患者数を確保しています。

今のところ病院のベッド数は大きく変わってはいません。各病院で我慢比べをしています。そういえば、最近は救急車のたらい回しという、かつて社会問題となったようなニュースはあまり聞かなくなりました。

●「在宅復帰率」と「看護必要度」

病院の「在宅復帰率」や「看護必要度」という言葉を知らない人もたくさんいるでしょうから、簡単に説明します。

2014年度診療報酬改定により在宅復帰率という指標ができました。病院は患者さんを治療して自宅や高齢者住宅、回復期リハビリ病棟や療養病棟などへ早期に移す(復帰させる)ことで評価されます。患者さんを病院から早く退院させることによ

り医療費を削減する目的があります。

また、急性期の病院には「7対1」と呼ばれる看護必要度の縛りがあります。看護必要度は看護サービスの量を評価する指標であり、「7対1」とは入院している患者さん7人に対して常勤の看護師1人以上を配置することを意味します。「7対1」の他にも「10対1」「13対1」などの基準があります。

たくさんの看護サービスを必要とする重度の患者さんが多い病棟では、その分、看護師の数が必要になります。看護師が増えれば人件費がかかるため診療報酬の点数も高く設定されています。ちなみに、2017年現在、7対1の病棟は在宅復帰率80％をクリアすることになっています。

年々この看護必要度の基準が厳しくなっています。そのため、以前は7対1の病棟にいられたはずの患者さんが退院しなければならなくなりました。この制度変更により重度の患者さんが地域に帰って来るケースが増えました。

●退院した高齢者はどこへ行く？

「風が吹けば桶屋が儲かる」ではありませんが、病院から地域へ重度の患者さんが帰ると、家族は「こんなはずではなかった」「家では看られない」「対応が難しい」ということになります。もちろん、がんばって介護をされるご家族もたくさんいます。では、ご家族が対応できないとどうなるでしょう。

そうです。老人ホームなどの高齢者施設へお願いする方が増えていきます。これからは病院のベッド数は削減されますが、高齢者の数は増加します。病院のベッドが減る分は、老人ホームなどの施設へ転化されていきます。最終的に老人ホームは重度の利用者さんが増えて病院化していくでしょう。

医療と介護のIT化

●IT化のメインテーマは、多職種や地域との連携

　医療・介護のITシステムは、各メーカーがさまざまなアイデアを持って営業に来ます。IT化のメインテーマは、「多職種連携」「地域連携」ですが、どうも良いと思えるものがありません。

　営業トークもピンときません。現場を知らない人たちがつくっているのがよくわかります。おそらく、ITの考え方は「大は小を兼ねる」なのでしょう。いろいろな機能がついていますが、常にオーバースペックです。

　それだけ医療機関の要求がバラバラなのだと思います。どこの医療機関の要求にも応えようとするとオーバースペックになるのでしょう。

　せっかくIT化するのなら仕事が減ってほしいと思います。IT化は仕事が楽にならなければ意味がありません。しかし、IT化を進めると楽になるのではなく、負担が増えることが多いような気がします。

　僕は医師ではないですが、個人的に在宅医療の現場は紙カルテのほうが運用しやすいと思っています。若い医師は電子カルテが好きで、年配の医師は紙カルテを望みます。病院、診療所、健康診断、在宅医療など医療機関の規模や診療内容によって必要なシステムや機能は違います。すべて網羅できる商品はあるのでしょうが、お高いシステムになってしまいます。

　電子カルテなどIT化を進めるときは、たいてい医師の意見が反映されます。ここに患者さんの視点はありません。在宅医療

では、IT化すると患者さんからクレームが来ることがあります。患者さんは「先生はパソコンの画面ばかり見て、私を診てくれない」と言います。

紙カルテの場合、先生は書いている間、患者さんの顔ではなく自分の手元を見ています。患者さんはカルテを書いている先生の顔を見ます。医師がカルテを書いているとき、「うん、うん」と頷くだけで満足します。

実は少数ですが、電子カルテが嫌で他院から医療機関を変えた患者さんがいました。特殊な例かもしれませんが、年に数人はいます。

●情報提供は紙で十分？

さて、多職種連携、地域連携の話に戻ります。最近の医療IT業界のトレンドなのでしょう。紙で行う情報提供をIT化したいと思っている業者さんはたくさんいます。地域の医療機関や介護施設と連携する場合、情報提供は紙で行っていますが、これで十分な気がします。ただでさえ雑務が多い医師は、ITで連携すると、責任と仕事量が増加します。

最近は日本でも訴訟が増えました。なんでもかんでも情報共有するのが良いとは思えない部分がたくさんあります。どこまでの情報を共有して、どこからの情報が共有不要なのかがわかりません。

おそらく、ITを使った情報共有に変えると、情報を受ける側はよりたくさんの情報をほしがります。情報を出す側は仕事の手間などを考えてより簡素化した情報にしたいはずです。ここまではメーカー側で解決することができますが、解決できない課題もあります。

たとえば、診療所は訪問する老人ホーム、提携薬局、その他、訪問看護ステーションや居宅介護支援事業所など、いろいろなところと連携しています。全部が同時に新しいシステムを契約すれば連携することができますが、皆さんそれぞれ違うソフトを導入しています。すべての事業所が同時に同じシステムを導入することは、現実的ではありません。

●結局、国の推進がなければ普及しない

IT企業の営業マンは地域のすべての事業所を網羅できるように営業しますが、あまりにも非現実的で驚くことばかりです。地域を面でとらえる情報共有は国が強制的に行わなければできません。国が強要したらきっと独占禁止法に引っかかります。

こんなことを指摘すると営業マンは、「ネット上で行うため、すべての連携先が同じシステムを導入しなくても大丈夫です」と言います。でも、システムを導入しているところ、していないところがあると運用が煩雑になってしまいます。

こういうシステムは、地域全体で導入してはじめて便利になります。しかし、多様化した現代においてすべての事業者が同じシステムを使うことはありません。

ただし、このようなシステムがまったく使えない、売れない代物かといえば、そうではありません。病院も診療所も訪問看護も老人ホームもすべて同じ法人で経営しているグループがあります。地方の医療法人などはその地域の患者さんを囲い込み、独占的に医療・介護サービスを提供しています。こういう法人であれば、情報共有システムは便利だろうと推測します。

国は医療ITを推進しはじめました。今後は情報提供書や処方箋などは電子化されていきます。国がガイドラインを作成すれ

ば、それに沿ったシステムが必要になります。診療報酬で「電子処方箋加算」などを新設して点数で誘導すれば、あっという間に普及することになるでしょう。

　余談ですが、保存媒体として最強なのは石に刻むことです。電子媒体や紙媒体は保存力としては弱小ですね〜。

　医療機関のカルテの保存期間は5年です（医師法24条）。療養担当に関する帳簿、書類、その他の記録は3年（療養担当規則第8条）、病院日誌、診療日誌、手術記録は2年（医師法第21条）で、極めて短い保存期間になっています。

在宅医療の夜の主役が変わる

●電子処方箋の解禁

　社会保障費が高騰するなか、医療費を抑えることが国の課題になっています。現在、在宅医療の夜間の対応は医師によって行われています。夜間の医師による往診料は高く、医療費の高騰を招きます。医師の代わりに薬剤師や看護師が対応できれば、医療コストは下がります。

　夜間、患者さんからの電話でお薬が届けば医師の往診がいらないケースがたくさんあります。調剤報酬改定により2016年4月からはかかりつけ薬剤師制度がスタートし、「かかりつけ薬剤師指導料」の算定要件として24時間対応が盛り込まれました。しかし、実際には夜間に薬局へ処方箋を届ける手段がありません。

　そこで、2016年4月に厚生労働省は電子処方箋を解禁しました。今のところ電子処方箋に対応したシステムはありませんが、各都道府県のガイドラインが整備されれば、各メーカーはシステムの開発をはじめるでしょう。

　夜間に緊急電話が鳴ると、医師は電話で状況を聞いて、iPadなどの電子デバイスを操作し、一瞬で薬局へ処方箋を届けます。そして、患者さんのお宅までお薬が配達されます。

　赤ひげ先生の頃からは想像もできない夢のようなお話ですが、近い将来、実現しそうです。医師の訪問がなくても薬が届く時代が来たら良いと思いませんか？

　現状は、夜間に医師が往診してお薬を出したいと思っても肝

心の処方箋を薬局に持ち込むことができないことが多く、その結果、緊急避難的に患者さんを入院させることがあります。病院の医師からは「どうしてこの程度で入院させたの？」と叱られます。薬が届かないから仕方がないのです。

特に週末に問題が起きます。金曜日の晩に緊急の電話が鳴り、提携薬局が土曜日、日曜日はお休みで、たまたま月曜日もハッピーマンデーで休日だったとします。「火曜日までお薬が届かない」「だからといって放置はできない」となって、医師は仕方なく緊急避難的に入院を決断します。

訪問看護ステーションでも同様に、電子情報提供書が解禁されました。間もなく在宅医療の夜の主役は医師から薬剤師、医師から看護師へと変わっていきます。

●大切なのは電子化の理由とヒストリー

ただし、電子化が進んでいくほど、アナログが大切になります。これまで見えていたものが見えなくなってくるからです。顔の見えない連携は怖いものです。これまで以上に、医師、看護師、薬剤師間の連携を密にしなければなりません。

訪問の翌日には、患者さんの状態などについての「ホウレンソウ（報告・連絡・相談）」が大切になります。そのためレポート作成などの仕事量は増える可能性があります。

電子化を進めるうえで一番大切なことは、業務の効率化ができて、仕事量が減ることです。しかし、医療の世界では電子化を進めても、結果的に残業や事務作業が増えることがあります。医師が「これなら自分で往診に行ったほうがましだ」なんてことにならなければ良いなと思っています。大切なのは、電子処方箋や電子情報提供書ができた理由とヒストリーです。本質が

変わらないことが重要です。

●効率化しても売上は上がらない

本来、電子化には、次のような目的があります。
① 社会保障費を下げる
② 業務を効率化する
③ 労務負荷を軽減する

システムを導入したのに、社会保障費が上がり、業務効率が下がり、書類の作成量が増えた……。このようなことが起こらないことを切に望みます。

「業務が効率化されると、売り上げは上がるのかな？」

どうもそうではないみたいです。業務の効率化はとても大切なことですが、無駄な時間をつくらず、時間の使い方を濃密にすることみたいです。

業務の効率化の本質は、売上を上げることです。しかし、医療の世界の効率化とは「薄利多売」を指します。診療報酬がどんどん安くなり、患者単価が下がります。同じ売上を維持するのであれば、今まで以上にたくさんの患者さんを診なければいけません。単価が半分になれば診る患者さんの数は倍になります。医師が1日に診る患者さんの数が増えていきます。

医療機関の課題は、薄利多売で生き残ることです。業務の効率化によって医師が診る患者さんの数を増やします。普通は患者さん1人当たりの診療時間を短くすると医療の質は低下しますが、医療の質が落ちれば患者さんは逃げます。そして、経営は余計に悪化します。

現状どこの医療機関も我慢比べをしています。病院のジレンマです。生き残るためには業務を効率化して、診れる患者数を

増やし、さらに質を担保しなければなりません。医療訴訟などが増加する昨今、業務の効率化と質の維持を両立させることができるのでしょうか。安かろう、悪かろうという方向に進んでいくのかもしれません。

　「効率化」は言葉のマジックです。医師や看護師の多くは効率化という言葉を聞いて、「仕事が楽になる」と錯覚しています。このまま錯覚していてほしいものです。

人生の最期はどこで迎える?

●約8割が病院で亡くなっている

昔は約8割が自宅で亡くなっていました。今は約8割が病院で亡くなります。1978年を境に自宅と病院の割合が逆転しました（**図表1-3**）。老人ホームで亡くなる方はたったの数パーセントです。諸外国と比べると格段に少ないようです。

ほとんどの方は、ご自宅で看取ることに慣れていません。核家族化も影響しているでしょう。1つの家に何世帯も暮らすような大家族は少なくなりました。

図表1-3 死亡場所の構成割合の推移

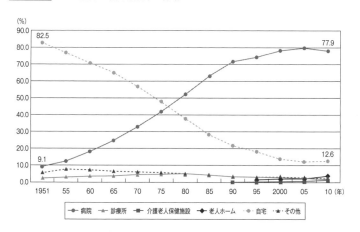

出典：内閣府「平成24年版高齢社会白書」

●終末期にかかる医療費

これからの日本は、亡くなる場所を病院以外にしたいようです。2007年の終末期にかかった医療費は年間約9,000億円で、終末期の医療費は1人当たり約156万8,000円かかっています。つまり、国が亡くなる方に使う税金がこの金額になります。高いと思うか、安いと思うかは人それぞれ感じ方が違うでしょう。

私個人の意見としては高いと思います。亡くなる瞬間にこの金額がかかるなら、少子化対策に回してほしいと思います。おそらく、国も高いと思っているから病院以外の死に場所を考えているのでしょう。

●看取りの場所は病院から在宅へ

図表1－4は厚生労働省が2006年に発表した資料です。毎

図表1－4 死亡場所別、死亡者数の年次推移と将来推計

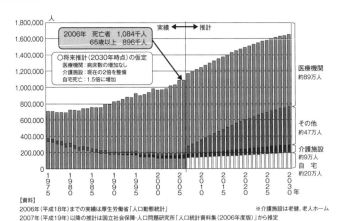

【資料】
2006年（平成18年）までの実績は厚生労働省「人口動態統計」
2007年（平成19年）以降の推計は国立社会保障・人口問題研究所「人口統計資料集（2006年度版）」から推定
※介護施設は老健、老人ホーム

出典：厚生労働省「平成24年度診療報酬改定の概要」

年約130万人の方が亡くなっていますが、2030年には年間160万人以上が亡くなると推計されています。ほんの15年くらいで、年間死亡者数は30万人も増加します。

160万人の方全員に156万8,000円の医療費を使ったら、社会保障制度は破たんします。すでに社会保障費は税収より多くなっていますので、破たんしていると言えるのかもしれません。

医療機関における死亡者数89万人という数字は2006年から変わっていないことがわかります。2030年、医療機関以外での死亡者数は76万人いて、この数字を全国にある在宅医療の診療所の数（平成24年在宅療養支援診療所届出数約1.4万件）で割ると、1診療所当たり年間約54人になります。月にすると4.5人、毎週1人は看取りをして死亡診断書を書かなくてはこの数字になりません。

慣れ親しんだ自宅で亡くなりたいと思っている人はたくさんいます。一方、家族の多くはさまざまな理由から自宅での看取りを望んでいません。自分が亡くなるときはどこにいるのでしょう。

第 2 章

辣腕事務長が明かす
「開業」「集患」「採用」戦略

地域に選ばれる在宅医療診療所の条件

●診療所の強みを知る

　最近は在宅医療を行う診療所が多くなりました。地域によってはライバルが増え、患者さんの奪い合いになっており、患者数を簡単に増やすことができなくなってきました。

　そこで大切なことは自分の診療所の強みは何かということです。いわゆる差別化戦略です。他と比較してその診療所ができていること、できていないことを客観的に考える必要があります。「敵を知り己を知れば百戦危うからず」ということです。

　できていないことはどうやったらできるのか、知恵を出しましょう。できていることはそれをどうやって地域に知ってもらうかが課題になります。どんなに優れていても地域の方が知らなければまったく意味がありません。見せ方、伝え方が大切です。

●地域から選ばれるための条件

　在宅医療において地域から選ばれる診療所とはどんなところでしょうか。当然のことですが、激戦エリアではサービス競争が激しくなります。ライバルが多い地域ほど夜間の往診に求める要求が厳しくなります。ライバルがなく独占している地域では先生が普通に来てくれるだけで感謝されます。

　需要と供給のバランスで在宅医療機関への要求度は変わります。主だった差別化の内容は**図表2-1**になります。

　「24時間365日」なんて、在宅医療の診療所だったら当然だ

と思うかもしれません。しかし、在宅医療を行ううえで永遠の課題になっています。

　1人で開業していれば電話に出られない時間は必ずあります。地下鉄に乗っていたり、お風呂に入っていたり、必ず電話に出られない状況はあります。こうした状況をなくすためにはオンコールを持つ人間を増やすしかありません。医師が1人しかいないのであれば、事務員や看護師にもお願いして、数人でオンコールを持ちます。まずは電話がつながることが大切です。そして、夜間、24時間の往診ができるか否かが、差別化になります。

　電話は必ず医師が取らないといけないと思っている先生たちもいるようです。患者さんやケアマネジャーもそう思っている方がいます。日中、先生が往診していれば、クリニックに電話をしたときに電話口に出るのは事務員です。事務員が電話に出

図表2-1 在宅医療の差別化

①24時間365日体制ができる
②医療依存度（末期がん、人工呼吸器管理）の高い患者を診れる
③さまざまな診療科目の専門医がいる
④点滴ができる
⑤骨折を自宅で治すことができる
⑥日中の緊急往診体制が確立している

て医師に連絡をします。しかし、夜間のオンコールに対して医師以外の人間が電話口に出ると怒る方がいます。

なぜ、昼間は良くて夜はダメなのでしょう。夜も昼間と同じように事務員が出て、先生に取次をしても同じですよね。1人でオンコールして連絡がつかないほうがリスクは高いはずです。夜は医師が電話に出るものだという皆さんの勝手なイメージであり、思い込みなのです。

●そんなに早くは行けません

夜間の往診についても思い込みがあります。患者さんは電話をしたら10〜30分くらいで医師が飛んで来てくれるようなイメージがありますが、夜間の往診はそんなにすぐには行けません。深夜、医師が就寝中に電話がかかってくれば、着替えをしてクリニックへ往診道具やカルテなどを取りに行き、患者さんのご自宅に着くまでは早くて1時間、事情により2時間くらいかかることもあります。

道路交通法も守らなければいけません。移動は法定スピードです。救急車と違いサイレンを鳴らし、信号を無視して訪問することはできません。

10分くらいで到着などできるわけがないのです。でも患者さんや家族のイメージは違います。深夜の緊急往診と救急車のイメージがダブっているようです。電話から1時間後に患者さんのお宅に着いたら「遅い」と叱られます。

●事前によく説明しておくことが大切

日頃から患者さんや家族に深夜の往診には時間がかかることをきちんと説明しておくことが大切です。説明は1回だけでは

ダメです。日頃からイメージを植え付けておかないとトラブルになります。

また、往診で対応できる場合と対応できない場合があります。対応できない場合は入院することになります。それもきちんと患者さんに説明をして、理解していただかないといけません。入院しなければいけないケースについて、具体例を挙げて家族に話しておきます。

自宅を血だらけにして手術をするわけにはいきません。しかるべき場所でしかるべき処置をする必要があります。なんでもかんでもすべて自宅でできるわけはないことを家族にしっかりと理解してもらいましょう。

●ちょっとした裏技で絶大な信頼を得る

たとえば、人工呼吸器の管が抜けてしまったというようなケースで、どうしても往診が間に合わない場合、医師は救急車を呼ぶように指示をします。そして、どこの病院へ向かったのか連絡を入れてもらいます。普通の在宅主治医は「これで安心」と終わってしまう人がほとんどです。できる在宅主治医はすぐに患者さんが向かった病院へ往診に行き、当直医に患者さんの状況を直接伝えます。

するとどうでしょう。患者さんの家族から絶大な信頼を得るとともに感謝もひとしおです。入院先の病院の医師はその先生のことを褒めます。その病院からは他の患者さんの紹介もはじまります。ものすごい営業になります。

●医療依存度の高い患者さんを診る

医療依存度の高い患者さんを診ることは、言うまでもなく差

別化です。末期のがん患者さんやALS（筋萎縮性側索硬化症）で人工呼吸器を付けた患者さん、小児の在宅医療などは地域の受け手が少なく、他の医療機関が診られない患者さんを診るということが差別化につながります。国は病院以外の看取りを政策的に誘導しています。重傷者が病院から在宅へ帰ってくる時代になりました。

●専門医による在宅医療

在宅医療は内科というイメージが一般的です。実際には内科以外の診療科も必要です。在宅医療の患者さんは高齢者が多く、高齢者は皮膚科、精神科、整形外科などのニーズが高くなります。

在宅医療は1人の医師がすべての診療科を診ないといけないというイメージも誤解です。「プライマリ・ケア」や「総合診療医」「家庭医」という言葉があり、どんな疾患にも対応できる医師を育てようという風潮があります。医師は医師免許さえあればすべての科を診ることは可能ですが、やはり餅は餅屋。専門医は頼りになります。

ある日、老人ホームから皮膚科の往診依頼がありました。80歳のおばあちゃんのオッパイの下に湿疹があるそうです。老人ホームの看護師は、「1年くらい前から湿疹があって、内科の先生が塗り薬を出してくれていますが、治らない」と言っています。

皮膚科の先生はその場で顕微鏡を覗いて検査します。「あ、これ白癬菌だよ」と言って、白癬菌のお薬を出したら、すぐに治ったそうです。内科の先生は顕微鏡なんて見ませんからね〜。当たり前ですが、患者さんは治してほしいのです。専門医がい

ることは強みであり、差別化になります。

●複数の医師は頼りになる存在

「後医は名医」という言葉をご存じでしょうか。はじめの医師が治せない病気をあとから診た医師が治してしまうと、患者さんはその先生を名医だと思います。そして、はじめの医者はやぶ医者と呼ばれてしまいます。原因がわからなければ検査をして可能性を考えます。あとから診た医師のほうが有利なのは当然です。

すぐに他院を紹介してくれる医師がいます。専門医へバトンタッチする医師は名医だと思います。そして、患者さん思いなのだと思います。原因がわからないのに手放さない医師もいますが、お金儲け的には正解なのかもしれません。

複数の医師がいる在宅医療機関は地域において頼もしい存在です。パートの医師が1人いるだけでも違って見えます。ホームページ等で医師の名前がたくさん出ているだけで差別化になります。そういえば、弁護士事務所でも10人くらい弁護士さんの名前が出ている事務所は頼りになりそうです。

医師に限らず、看護師や理学療法士、作業療法士、言語聴覚士、MSW（メディカルソーシャルワーカー）など、コメディカルがたくさんいることも差別化につながります。MSWを雇用している診療所はまだまだ少ないですが、MSWがいるとエリア内の病院との連携が強固になります。情報のやりとりや入退院の調整など地域連携がしっかりできている診療所は、患者さんにとってもいざというときに助かります。医師や看護師に相談しづらいことや各種行政サービスについても相談できます。どうですか？　経費はかかりますが、ものすごい差別化です。

●差別化は周知しなければ意味がない

　そうそう忘れていました。肢体不自由のための指定医、視覚障害のための指定医、聴覚機能の指定医、呼吸器機能障害の指定医など、指定医として登録することも差別化です。指定医の登録については市区町村のホームページなどで公開されています。

　在宅医療の集患方法はさまざまですが、地域一番を目指して差別化を考えてはいかがでしょうか。差別化は地域の人が知ってこそ差別化になります。知らなければ差別化でもなんでもありません。単なる宝の持ち腐れです。見せ方、伝え方を工夫しましょう。

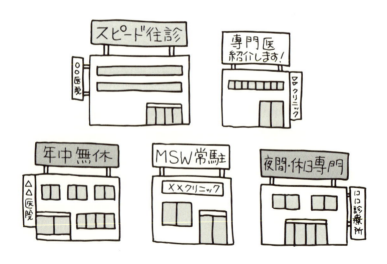

できない理由には
大きなビジネスチャンスが隠されている

●医療・介護の人種は変化を好まない

　医療・介護の世界はいわゆる保守派と呼ばれる人が多く、とかく変わることが嫌いです。保守派とは「慣れ親しんだものを尊重する」「試みられたことのないものよりは試みられたことを好む」「過去の実績主義」といったイメージでしょうか。本来、保守派の人は医療・介護の世界に一番合った性格だと思います。

　少子超高齢社会の日本は、急速に労働人口が減少して財源が不足し、かつ高齢者人口が増加することから医療費が増大しています。医療費は2014年に40兆円の大台を超えました。また、2016年度一般会計予算は約96.7兆円ですが、国債費と地方交付税交付金と社会保障関係費で歳出全体の7割超を占めています。一方、歳入のうち税収は約58兆円であり、歳入の4割弱は将来世代の負担となる借金に依存しています。こんな状況により国は急ピッチで医療・介護の改革を進めています。そして、改革は待ったなしの状況です。

●会議で飛び出すさまざまな反対意見

　医療の世界では2年に1度、診療報酬改定があります。そして、介護の世界では3年に1度、介護報酬改定があります。診療報酬改定や介護報酬改定の年は保険点数の変更内容を読み込み、わずか1か月ほどで患者さんや利用者さん、業者、その他との契約を再締結したり、案内を作成したり、説明をして同意書のサインをもらい、各システムの変更にも対応しなければな

りません。各医療機関では急速に業務内容を見直し、人員配置を変更します。これまで慣れ親しんだルールを大幅に変えざるを得ない状況になります。

これらは絶対に行わなければいけないのですが、医療・介護の人種は変化を好みません。会議では医師、看護師、事務員、その他もろもろから反対意見が出てきます。ありがたいことに本当にたくさんの「できない理由」が並びます。

「ありがたいことに」と書いたのは、できない理由を聞くと「なるほど」と思ってしまうものがあるからです。変化にはさまざまなリスクが伴い、赤字にならないように踏ん張っていく努力が必要ですが、ここでリスクを考えなければあとでしっぺ返しが待っています。

100のできない理由が出たら、それに対する100の対策を考えることがビジネスチャンスなのです。きっと他の医療機関でも同様にスタッフからの反対意見が出ますが、そのままの状況で我慢したために売り上げが落ちているところもあります。

診療報酬改定にはこれまでの点数が下がるというものと、新設点数があります。この新設点数について「チャレンジしよう」と会議等で提案するとスタッフは一斉に反対します。

「今までやったことがないことに対する漠然とした不安」「仕事が増える」「患者負担が上がる」など、その意見はさまざまです。そのため、できない理由が山ほど並ぶのです。

● **できない理由を新たなノウハウづくりに活かす**

国はある方向を示すとき、診療報酬の点数で誘導をかけます。医療機関全体がその方向に進むように何年もかけて点数や規制緩和によって誘導します。はじめに誘導されてしまったほうが

絶対に儲かります。

　新しいことを好まない業界においてどこよりも早く取り組み、システムとノウハウをつくった医療機関は、間違いなく勝ち組になります。診療報酬改定から二番煎じ、三番煎じではじめたところはまだ生き残れます。しかし、新設点数が出てから数年経ち、多くの医療機関が取り組み、「そろそろ当院でもやらないとまずいよ」という頃にはじめる医療機関は、何のうま味も得られないまま「儲からない」「儲からない」と念仏を唱えます。すでに市場に患者さんがいなかったり、次の改定で点数が下がったりするからです。

●リスクが伴うからこそ利益は生まれやすい

　はじめにチャレンジした医療機関はノウハウやシステムを自分たちでつくっていかなければなりません。過去の実績がないためリスクが伴いますが、それだけにうま味は大きく利益を出すことが可能です。また、利益が出れば資金に余裕ができるので、新しいシステムを構築することができ、自分たちのプランニングが市場のルールになっていきます。最後の最後に参入する医療機関は診療報酬も下がり、余裕も生まれません。

　いずれにしても今後の医療・介護業界は常にリストラが必要になってくるでしょう。社会保障費は上がり税収は伸び悩んでいるわけですから、高齢者人口が増えれば増えるほど薄利多売、効率化ということになります。短時間でより多くの患者さんを診る状況に変わっていきます。

　そういえば、役所の役人は最も実績主義であると思うのですが、国の役人が新しいルールをつくり、変化を好まない医療・介護業界の人々が新たな試みにチャレンジして、最も変化を好

まない実績主義の市区町村が監査を行う。なんか面白いですね〜。

100のできない理由はノウハウをつくる絶好のチャンスです。できないことをできないと思わず、できない理由を1つずつ解決することが、医療・介護業界における生き残り策となります。できない理由には大きなビジネスチャンスが隠されているのです。

診療所の大きさはどのくらいが理想？
——「つぼ八」の法則

●1坪当たり患者8人が目安

 開業を検討中の医師から「診療所の大きさはどれくらいのスペースがあればいいですか？」とよく聞かれます。在宅医療でも何科をメインにするかによって必要な大きさは異なりますが、僕はよく「つぼ八」という言葉を使っています。

 在宅医療を専門に行うクリニックの患者数のキャパシティは診療所の坪数に大きく関係します。なぜ、「つぼ八」かというと、1坪当たり患者8人という計算が目安になるからです（**図表2－2**）。

 この法則は個人宅へ訪問する場合の数字の目安です。老人ホームの場合は患者数のキャパシティは変わります。

 なぜ、事務所の大きさと在宅患者の数が比例するかというと、事務所に入れるスタッフの数に関係するからです。患者さんが増えればスタッフも増え、机やロッカーなど備品も増えます。

 事務所には快適に作業ができるスペースも必要です。ある程

図表2-2 つぼ八の法則

診療所の坪数	患者数のキャパシティ
20坪	160人
25坪	200人
30坪	240人
35坪	280人
40坪	320人

度のスペースがないと、俗に言う空気が薄い状況になり、スタッフはストレスを感じるようになります。酸欠のような状況のなかにいますと、なんとなく息苦しい状況を通り越し、めまいや吐き気などの症状を訴える方もいます。次第に業務の効率も悪くなります。

　業務効率の悪化は経費が膨らむ要因になります。不思議なことに快適性が損なわれ、酸欠のような状況が続きますと、クリニックのなかで"魔女狩り"がはじまります。本能的に人間を間引こうとするのです。

●在宅医療のスタイルを明確にする

　開業当初はお金もなく経費を軽減したいという心理が働き、小さく安い物件を探す医師は意外と多くいます。自分の診療所はどのくらいのキャパシティで、どのような在宅医療のスタイルにするのかをはじめによく考えてから開業すると良いでしょう。

　まずは少数精鋭の在宅医療にするのか、組織化した在宅医療にするのかを決めることがスタートになります。

【少数精鋭の在宅医療の場合】
○スタッフ：医師1人、看護師1人、事務員1人
○医師1人で診られる患者数：最大で150人くらい
○事務所スペース：20〜25坪

　整形外科や精神科、皮膚科などをメインにした在宅医療はこれで十分です

【組織化する在宅医療の場合】
○スタッフ：医師3〜10人、看護師3〜10人、事務長1人、事務員2〜4人、MSW（メディカルソーシャルワーカー）

1〜2人、運転手4〜10人。さらにコメディカルとして理学療法士、作業療法士、言語聴覚士、管理栄養士などを入れる場合は人数が増加します
○医師1人で診られる患者数：オーナー医師で100〜150人、常勤医師で70〜100人
○事務所スペース：35〜100坪
　将来的にどこまで規模を拡大するかによって事務所の大きさを考えてください

●ヤドカリ作戦

　開業当初は狭い事務所からはじめて、スタッフ数の増加に伴い引っ越しをするという「ヤドカリ作戦」があります。この作戦のメリットは経費効率の高さです。

　ただし、診療所の引っ越しは大変です。引っ越し先は同じ保健所の管轄内であることが大前提ですので、ちょうど良いタイミングでちょうど良い大きさの事務所が見つかるかどうかという問題があります。

　また、引っ越す際は、閉院と開院を同時に行うことになります。すべての届出が出し直しになり、医療機関の番号や介護保険の事業所番号も変わります。

　患者さんとの契約書もすべて取り直しになります。そういったことも踏まえると少なくとも開業から5年はそのままの場所で診療できるような事務所を探すことをお勧めします。

　「それならはじめから大きな事務所を借りれば良いじゃない」という先生もいます。確かにその通りですが、広い事務所は賃料が高く、患者さんが思うように増えなければ経費がかかります。事務所が広くなることで在宅患者さんのキャパシティは増

えますが、その代わり事務所の固定費が上がります。患者数が少なく、収入が少ないときは、支払いが厳しくなります。
「内科系の在宅医療を目指すのか」
「整形外科系の患者さん中心とするのか」
「ターミナルの患者さんを中心とした在宅医療を目指すのか」
在宅医療の内容によって必要なスタッフも変わります。事務所の大きさと在宅医療の内容を開業前によく考えましょう。

●在宅患者さんのドロップ率はおおむね10％

開業当初は患者数を増やすのは簡単です。在宅患者さんが70人を超えてからは増患が難しくなります。

なぜ、70人を超えると増患が難しいのでしょうか？　それは在宅医療にはドロップ率があるからです。在宅患者さんのドロップ率はおおむね10％程度です。

この計算ですと在宅患者数が10人ではドロップは1人です。患者数が70人では7人、100人では10人、150人では15人、200人では20人がドロップします。

ドロップ数以上の新規の患者さんを獲得できなければ、患者総数はマイナスになります。後半の伸びは鈍化します。そのためはじめから広すぎる事務所を借りることはお勧めできません。

開業時の事務所は、自分が目指している在宅医療の形をしっかりイメージして、スタッフの数をよく考えたうえで、必要な大きさを検討するようにしてください。

医療・介護における勝ち組の方程式

●ピンハネモデルの方程式

　医療・介護には利益の出る方程式があるのはご存知でしょうか。方程式は次の2種類です。

　　モデル①　ピンハネモデル
　　モデル②　稼働率モデル

　在宅医療、訪問看護、訪問リハビリテーション、訪問介護など訪問系のお仕事は、表現は悪いですが、モデル①のピンハネモデルです。

　たとえば、1回の訪問が9,000円だとします。この9,000円の内訳は、お給料4,000円、医療法人や株式会社の取り分4,000円、患者さんや利用者さんにかかる材料費などの経費が残り1,000円となります。

　1日6件の訪問が可能だと仮定すると、日当2万4,000円、クリニックの取り分2万4,000円、経費6,000円になりますが、すべてマックスで稼げるわけではありません。稼働率は変動するため上記金額の70〜80％で計算します。これが一番小さいユニットの収支になります。1日5件の訪問であればかける5になります。

　患者さんや利用者さんにかかる材料費以外にも事務所の賃貸料や事務員のお給料、車やバイクのリース料、駐車場代、水道光熱費といった経費がかかります。これらを先ほどの会社の取り分2万4,000円から支払います。そうすると、最低いくつのユニットが必要でしょうか。

たとえば、上記の経費が150万円だとします。1日2万4,000円の稼働率80％で設定すると1万9,200円で、月20日の稼働で計算すると38万4,000円になります。150万円を38万4,000円でわると3.9倍になりますので、このクリニックのペイラインは4ユニットです。そうすると5ユニットにしてはじめて黒字になりますが、安定経営を考えれば、10ユニットくらいの稼ぎ手が必要になります。

　このユニット数が1クリニックの理想だとすると、あとはクリニック数のかけ算になっていきます。

●稼働率モデルの方程式

　モデル②の稼働率モデルは、病院や老人ホーム、グループホーム、デイサービスのような定員がある施設、またはMRI、CT、エコーなどの医療機器のペイラインが該当します。

　稼働率は100％になることはありません。そうすると何パーセントでペイラインに持っていけばいいのでしょうか。

　理想は50～60％くらいです。悪くても80％以内でペイしなければ危険水準になります。高齢者施設などは開設してからペイラインの稼働率を達成するまでのスピードが勝負です。いつまでもペイラインを達成しないと借入金が増加してペイラインとなる稼働率が60～70％、そして70～80％へ、さらに借り入れが続くと90％、あるいは110％などになってしまいます。そうなるとその施設は黒字にはなれません。

　稼働率は建物だけでなく医療機器にも同様のことが言えます。医療機器は毎月のリース料と保険点数が決まっています。収入と支払いがわかっているのですから、単純にわり算をすれば月に何件稼働すれば赤字にならないのかがすぐに計算できます。

まずは、枠管理というものが必要になります。MRI、CTなど機器によって患者さん1人にかかる検査時間は違います。15分間隔なのか、20分間隔なのか、もしくは30分間隔なのか。CTであればものの5分もあれば検査が可能です。

　医療機器の1回当たりの検査時間によって1日に診られる人数が決まります。1日8時間（480分）稼働した場合の枠数は、次のようになります。

480分÷15分間隔＝32枠
480分÷20分間隔＝24枠
480分÷30分間隔＝16枠

　それぞれ100％稼働はありませんので、80％稼働で計算します。あとは予約表を作成して、ペイラインの人数のところに赤線を引いておくだけで、赤字か黒字かが一目瞭然です。

　医療・介護の世界は点数制です。そのため方程式はピンハネ率か稼働率で決まります。医師の方々は日頃からピンハネされている感覚があると思います。しかし、その医師がその金額を稼ぐためには、事務員がいて家賃を支払って、いろいろな経費がかかっているということを理解していただかないといけないですね。

診療所のステージで必要な人材は違う

●スーパー看護師が人材定着のブレーキに

在宅医療の診療所を立ち上げた当初、院長はある看護師をとても頼りにしてかわいがっていました。その看護師は40代独身で、仕事ができ、時間に制約もなく24時間働いてくれました。夜間は医師の指示を忠実に守り、訪問看護に行ってくれました。医師にとっては便利な存在だったのです。

開業から2年が経ち、スタッフも増え、看護師は7人、事務員は3人になりました。その頃になるとそのスーパー看護師はクリニックの運営において、なぜかブレーキになってきました。

他のスタッフは家庭があり、夜遅くまで残業したくないと思っています。しかし、スーパー看護師は自分が基準です。残業などは当たり前で、すべてのスタッフに強要します。皆さん家庭があり、子どもを保育園に預けている方もいて、それぞれ事情を抱えています。こうなるとスーパー看護師以外は順次、退職していきます。採用しても採用しても定着しません。

院長はこのスーパー看護師が原因だと気がつきます。スーパー看護師はどうも1人きりの自宅に帰るのが嫌なようです。帰りたくないので、他のスタッフも家へ帰さないようにします。このスーパー看護師の生活の中心は職場なのです。

この看護師に「他の従業員たちには家庭があり、同じようにはできない」と話すのですが、理解することができないようです。労働基準法についてもとくとくと説明します。結局、このスーパー看護師は居場所がなくなり、退職していきました。

●規模が大きくなれば必要な人材は変わる

　個人商店レベルからスーパーマーケットに進化する頃には、経営陣の考え方も進化していかなければなりません。それまでは割と「なあなあ」でいた経営者と従業員の関係は通用しなくなります。就業規則をしっかりつくり、ルールを明確にして、労働基準法を遵守することになります。

　はじめに苦労した従業員たちは、「なあなあ」のままでいたいと思います。むしろ、元の規模に戻りたいという人もいます。個人商店レベルのクリニックのほうが家族的な雰囲気があります。経営陣もなんとなく寂しさを感じています。

　労働基準法では、「常時10人以上の労働者を使用する使用者は就業規則を作成し、行政官庁（労働基準監督署）に届け出なければならない」としています。うまいことできていますね。やはり、従業員が10人を超えるとルールが必要な時期なのでしょう。

　ここで面倒なのは、労働基準監督署に届け出る就業規則には従業員の署名と印鑑が必要なことです。僕らも従業員のために良かれと思って就業規則をつくります。つくるからにはきちんと守らなければいけません。守らない事業所はブラック企業になります。

　しかし、従業員側から反対者が出ることもあります。先ほどのスーパー看護師は夜中まで働きたいと訴えます。しかも、他の従業員にまで強要しようとします。なかなか困ったものです。その看護師は「私の若い頃は普通だった」「今どきの若い人は根性がない」と言います。

　「いつの時代の人なのだろう。あなたまだ40代でしょ……」

事業所が大きくなると必要な人材が変わってきます。やがて、その診療所は従業員が100人を超え、大所帯になりました。いつしかスーパーマーケットはデパートになったのです。

●事業所の成長速度と従業員の成長速度

医師だけで60人くらいになりました。おそらく全従業員数は150人くらいです。職種もいろいろ、働き方もいろいろ、残業代を稼ぎたい人、早く帰りたい人、正職員もパートもいて、さまざまな管理が必要になります。

そうなると今度は人事、総務のエキスパートが必要になります。エキスパートの方々が来ると、さらにガンジガラメになって創業メンバー、はじめに貢献したメンバーの居心地が悪くなっていきます。こうして徐々に社歴の長い人たちが少なくなっていきました。

自分でも寂しさを感じます。今もお付き合いのある卒業生もいますが、退職以来、音信不通の方もいます。

事業が大きくなる過程で「何が良いのだろう」と何度か自問自答しました。企業が育つスピードと従業員が育つスピードは違います。僕がいた診療所は時速200kmのスピードでスーパーカーに乗って駆け抜けたのかもしれません。

ある従業員は時速200kmを楽しめました。ある従業員は時速100kmが限界でした。また、ある従業員は時速50kmが適正です。それぞれスピード感がまったく異なる人たちを一緒に乗せて走ると、途中で振り落とされる方がいます。

不思議ですが、時速200kmのスピードを体験してしまうと、時速250kmでも大丈夫な方が現れます。

どのくらいのスピードが適正なのでしょう。たまにはゆっく

り各駅停車の電車に乗って周りの景色も楽しんだほうが良いのかもしれません。おそらく、まだもっと上のステージを知っている方もいるでしょう。

　人類にはごく少数ですが、ロケットに乗って宇宙飛行をしている方もいます。ロケットの時速は２万8,000kmだそうです。宇宙から見た地球は綺麗なのでしょうね。

人材紹介会社と折り込みチラシ

●年々厳しくなる医療機関の採用事情

最近は医師や看護師だけでなく、理学療法士、作業療法士、言語聴覚士も紹介会社からしか来なくなってしまいました。以前は新聞の折り込みチラシやインターネットなどからも応募はありましたが、最近は医療機関に直接電話が来ることはほとんどありません。

面白いのは、新聞の折り込みチラシをまいた翌日に紹介会社から電話がかかってくることです。紹介会社の営業マンは手持ちのコメディカルがいると、折り込みチラシを見て電話をかけてきます。もし折り込みチラシをしなかったら、この紹介会社を知ることもなかったかもしれません。当然、紹介を受けた人材は、当院には来なかったことになります。

紹介会社への紹介料を抑えたいがために折り込みチラシを利用したのです。これでは折り込みチラシの料金と紹介会社への紹介料の両方がかかってしまいます。

医療・介護人材の紹介会社はものすごくたくさんあります。大手数社はインターネットなどで探せますが、大手はクライアントが多い分、人材が回って来ないということもあります。意外にも埋もれているような小さな紹介会社が人材を抱えていたりもします。

一度、紹介会社と契約をすると定期的に紹介会社のほうから連絡をくれるようになります。紹介会社は、大きな医療機関と新たに契約するのは大変なようで、僕がいるような小さなクリ

ニックを大切にしてくれます。そのため、いつの間にか紹介会社の契約数は数十社に増えました。

インターネットで募集すると、なかなか困ったことが起こります。看護師を募集しているのに資格を持たない人材から応募がきたりします。転職を考えているコメディカルの方は、職場で露骨に求職情報を探すようなことはしません。職場にはわからないようにコッソリと家で転職先を考えます。多くは、終業後、自宅に帰り食事も終わって落ち着いた頃に、インターネットで求職情報を探すのではないでしょうか。そして、目星が付いた医療機関へ連絡します。ですから、インターネットの募集も必要なのです。

しかし、僕の感覚からするとインターネットの募集を見て、直接電話してくる人材はおそらく50%です。残り50%は目星を付けた医療機関へ直接電話するのではなく、紹介会社に「ここの医療機関を紹介してくれないか」と依頼します。このパターンが意外と多いことが最近の一番の驚きなのです。

おい、おい、おい……。こちらとしては、「直接電話をくれれば紹介料がかからないんだよ」と言いたいところです。紹介会社を介することで条件面などをしっかり話せるというメリットがあるようです。

こういう方は面接後も紹介会社を通じていろいろ質問してきます。面接時に自分で聞くのではなく、紹介会社に聞いてほしいのです。医療機関の人材募集は年々大変になってきました。

●人は登るという習性がある

折り込みチラシの話に戻ります。人間の心理なのでしょうか？ 「人は登る」という習性があるようです。

たとえば、神奈川県藤沢市でしたら、茅ヶ崎市側へ折り込みチラシを入れると応募が来ます。横浜市側に折り込みチラシを入れても応募はありません。
　東京都でも埼玉県寄り、千葉県寄り、神奈川県寄りなど川を挟んで県境にある医療機関では、所在地で募集広告を出すよりも隣接した県に出したほうが応募があります。隣接した県はお給料の水準が微妙に安かったりもします。求職者は車で30分以内であれば応募します。
　前述したように、「人は登る」という習性があります。そのため逆に埼玉県や千葉県、神奈川県の医療機関が東京都側にチラシをまいても人は集まらないのです。

面接ではほとんどわからない

●最初の１分の直観を大切にする

これまで数々の医師、看護師、事務員、その他の職種の面接をしてきました。そこでわかったのは、面接は最初の１分の直観が大切だということです。なんとなく人間性を肌で感じるのは最初の１分です。

いろいろな質問をしてみるものの、実際のスキルや技術などは勤めてみなければ何もわかりません。それでも最初の１分で「ビビビ」と来た人は就職していただいてからも予想通りちゃんと働いてくれます。

最初の１分で直観した人の面接時間は、実はとても短いです。逆に最初の１分で、「この人ダメだ」と思った人も面接時間は短いです。ダメだと思った人にも、その後、ひと通り儀礼的に規定の質問はします。おそらく５分以内には腹のなかで不採用を決めています。

ところが良い方にも、悪い方にも「ビビビ」と来ない人がいます。なんとなくモヤモヤしたり、どこか不安があったり、変な違和感があったり、合格でも不合格でもない人がいるのです。こういう人たちは面接官泣かせです。

医師、看護師などは人材不足で面接案件自体が少ないのが現状です。しかし、現場からは「早く補充してください」と、プレッシャーをかけられます。現場のスタッフは人材補充に向けて面接をしていることを知ると、期待がMAXになります。そのような状況下では、合格点に満たないのに採用してしまうこ

とがあります。

●面接では欠点を見せないプロがいる

　本当は我慢して不採用にすべきなのかもしれませんが、どうしても採用せざるを得ない状況があるのです。しかし、迷って採用したときは必ずあとでしっぺ返しが来ます。主に次のようなことが起こります。

・時間を守らない
・約束を守らない
・医療機器や医療材料をちゃんと片づけない
・書類をすぐなくす
・ミスをすると人のせいにする、もしくはミスを隠す
・感情的に怒鳴ったり、怒ったりする
・仕事のスピードが異常に遅い
・清潔感がない、むしろ不潔である
・あやまらない
・ウソをつく、デマを流す
・人の話を聞かない

　どうですか？　あなたの職場に思い当たる人はいませんか？誰かの顔が浮かんでいるかもしれません。

　こうした方は医療機関に限らず一般の会社組織のなかでも不適合でしょう。人の命を預かる職場に最も向かない人種だと思います。患者さんの立場であれば、こんな人には診てもらいたくないでしょう。

　しかし、面接ではなかなか見抜くことができません。むしろ、面接に関してだけ言うと、天才的に自分の欠点を見せないプロが存在します。

●事務員の第一印象を大切にする

　余談ですが、面接は問い合わせの電話からはじまります。医師や看護師から直接、面接希望の電話がかかってくることがありますが、電話口に最初に出るのは事務員です。

　この事務員の第一印象は、なかなか高い精度で当たります。電話の応対が「良かった」「悪かった」という最初のインスピレーションが合否の判断材料になるのです。

　事務員が、「先ほど電話してきた先生はすごく感じが悪かったです」と言った場合、たとえ、事務長の僕や理事長の面接で感じが良くてもお勧めできません。こういう方は自分より目下だと思う人に対して強い態度になります。弱い人間にはより強く、上司にはヘコヘコする裏表のある人間だったりします。

　僕のなかで面接希望の電話を最初に受けた事務員の第一印象はとても重要な判断材料です。事務員の第一印象が悪い医師や看護師を採用すると、あとで患者さんからクレームの電話が入ることになります。

面接で起きた変わった出来事

●その1　行方不明

朝10時に看護師の面接の予定が入っています。9時50分にその看護師から電話がありました。

「すみません。道に迷ってしまって、たぶん近くにいます。少し遅れてしまうかもしれません」

私は、「はい、わかりました。気をつけていらしてください」と答え、電話を切りました。

しかし、その電話のあと1時間経っても、2時間経ってもその看護師はやって来ません。どこへ行ってしまったのだろう……。

●その2　採用辞退の理由

これも看護師のお話です。面接を終えて「最後に何かご質問はありますか？」と聞くと、次のように頼まれました。

「あの〜、お給料は現金で日払いにしてください」

給料は15日締めの25日払いで振り込みになることを伝えると、その看護師は、「では、キャンセルさせていただきます」と帰って行きました。

なぜ、現金で日払いでなければいけないのか……。理由は定かではありません。皆さまのご想像にお任せします。

●その3　交通費と宿泊代

大阪にいる医師から面接希望の電話があり、面接の交通費と

宿泊代を出してほしいと頼まれました。

「すみません。当院ではそういう制度はありません」と断ると、そのまま電話が切れました。

学会などで東京に来るとき、面接を理由に交通費と宿泊代を出させようとする医師がいます。このとき、当院では特に医師を募集していませんでした。おそらく、あちこちの医療機関に電話をしていたのだと思います。

●その4　免許がない！

呆れたことを言う人物もいます。私が「看護師免許を見せてください」と提示を求めると、その方は「採用されたら、免許を取りに行きます」と答えました。実は驚くことに看護師ではありませんでした……。

最近は、看護師の募集にネット広告を使うようになりました。ネット広告を見て面接に来る人のなかに看護師免許を取得していないのに来る人がいます。看護師を募集しているのに看護師資格がないという不思議なことが起こります。

不景気のときはこういうケースが意外とたくさんあります。もちろん、募集広告に「要看護師免許」と記載してあります。しかし、必ず数人は看護師免許のない方が応募してきます。そのため、「失礼ですが看護師免許をお持ちですか？」と聞くようにしました。免許を持っている看護師からすれば、「えっ!?何でそんなことを聞くの？」と、心のなかで思うそうです。

最近は景気が回復したせいか、そういう"偽看護師さん"からの応募はなくなりましたが、こんなところからも世間の景気動向を感じてしまいます。

PULL型営業とPUSH型営業

●営業は相手に好かれてナンボ

　医療も介護も営業が必要です。でも、「患者さんを紹介してください」と根性で何度も訪問する営業は変ですよね。僕ならそんな営業マンが来たら大迷惑です。こういう営業スタイルは医療の世界ではやらないほうが得策です。

　事務所で仕事をしているときにアポなし営業、飛び込み営業が来ると仕事の手が止まってしまいます。それだけでもイメージが悪くなります。

　「10分だけ話を聞いてください」と飛び込んできて、10分経っても帰らず、ずっと居座ろうとする営業マンにはもう二度と会うことはありません。営業とは相手に好かれてナンボなんです。いきなり嫌われてしまう営業マンは営業には向いていません。

●正しい情報をきちんと出す

　さて、物が売れない営業マンは売りたいという気持ちが全面に出すぎていて、相手に対して良いことばかりを言います。医療や介護の世界も同じで、患者を取れない営業マン、地域から評価されない営業マンは「あれもできます」「これもできます」「何でもできます」と言って回ります。おそらく、知識がないために相手の要望も理解せず、「できます」と言っているのでしょう。

　患者の紹介がほしいために実態と違う良いことばかりを言う

営業マンは最悪です。在宅医療ですから、できることもあればできないこともあります。紹介者の期待値を上げておいて、いざ紹介してもらったあとにできないとなると、紹介してくれた方は、「言っていたことと違うじゃない」と思います。

自分でハードルをグッと上げたのですから、期待値は一気に底値になってしまいます。当然、その事業者からは二度と紹介患者が来なくなります。営業マンは正しい情報をきちんと出すことが大切です。

自分の診療所の医師は何ができて何ができないのか。わからなければその場でいい加減な回答はしないで、一度戻って先生に聞くという作業が必要です。

診療所に戻って先生に聞いて、もう一度訪問すれば、訪問する理由ができます。飛び込み営業ではなく、ちゃんとアポを取って営業することができます。

●相手に来てもらう工夫をする

「PULL型営業」とは、行くのではなく来てもらうということです。お願いするのではなくお願いされるということです。

不思議なのは、こちらから出向くと嫌な顔をされてしまうのに、ワザワザ来てもらうとなぜか手土産代わりに患者さんの情報を持って来ることがあります。ケースカンファレンスや勉強会などを理由に、クリニックに来てもらう工夫が大切です。

医療はお願いされてはじめるのが大前提です。先ほどのように飛び込み営業で「患者さんを紹介してください」と「PUSH型営業」をすると、医療機関のほうが下の立場になってしまいます。

医療の世界で一番大切なのは「口コミ」です。外部のケアマ

ネジャーに営業をするのではなく、外部のケアマネジャーに自分たちの営業マンになってもらうのが理想です。そのためには、地域のケアマネジャーや訪問看護師に自分のクリニックのファンになってもらうことが大切です。

　自分たちで「うちのクリニックは良いですよ〜」と100万回言うより、赤の他人が「あそこのクリニックは良いわよ」と1回言ってもらったほうがずっと効果があります。

　病院の医療相談員、訪問看護ステーション、介護事業所、老人ホーム、薬局、医療機器業者といった地域の方々を味方にすることが重要なのです。そして、自分の分身を地域にたくさんつくることで営業力は何十倍にもなります。

紹介礼状の効果的な使い方

●「御侍史」と「御机下」

　医療では独特の言葉を使います。一般的に手紙などを送る場合は宛名に「御中」「殿」「様」という言葉を使います。対して、医師は病院などへ情報提供書や紹介状、紹介礼状などを書くときに宛名に「御侍史」「御机下」なる言葉を使います。たまにどういう意味ですかと聞かれることがあります。

　まずは読み方です。次のように読みます。

「御侍史」：おんじし　または　ごじし

「御机下」：おんきか　または　ごきか

次にその意味です。

「御侍史」：直接お渡しするのは失礼なので、秘書の方が開けてください

「御机下」：とるに足らないような手紙ですから、机の下にでも置いておいて手の空いたときに読んでください

　最近では「御侍史」は病院の誰が開けても良いそうです。また「御机下」は「先生が開けてください」という意味で使うこともあります。しかも、「○○先生御侍史」とか「○○先生御机下」というように名前＋先生＋御侍史または御机下とようにダブルで使います。「どれだけ偉いの？」という感じがしますね。

　さらに、御机下が意味する「とるに足りない」も失礼な話で、患者さんの紹介状などは重要な書類だと思います。とるに足りないとは言語道断という気がしますが、医療界はいまだにこういった言葉が使われています。これではお医者さんのプライド

は高くなるばかりですね。

●医師に対するリスペクトはほどほどに

さて、医師は医師免許を取った時点で他人からリスペクトを求めています。医師になったことで当たり前のように周りから尊敬され、場合によっては恐れられるべきだと考えている人がいます。もちろん、すべての医師がそういうわけではありません。むしろ、そうではない医師のほうを尊敬してしまいます。

他の職種または医師の部下がそういう医師の希望を受け入れて満足させてあげることで、その医師に上手に働いていただきます。

医師の皆さんは基本的に真面目で勤勉です。医師を敬い、リスペクトしてあげるというのがキーワードです。ただし、「なんとかもおだてりゃ木に登る」ではありませんが、あまりおだて過ぎるとあとで後悔します。ほどほどにお願いします。

●訪問看護師やケアマネにお礼状を書こう

医師は病院から患者さんの紹介を受けると、とても丁寧なお礼状を出します。しかし、地域の訪問看護ステーションやケアマネジャーからの紹介にはお礼状を書きません。そういう慣例がないからでしょう。どちらも患者さんを紹介してくれることで、クリニックの売上に貢献している大事なお客様です。

そうであるならば、訪問看護ステーションやケアマネジャーにも紹介礼状を書いても良いのではないでしょうか。医師やクリニックのほうが目上だと思っているのでしょうか。単に慣例がないというだけなのでしょうか？

誰もやっていないのであれば、それはビジネスチャンスです。

地域の訪問看護ステーションやケアマネジャーにお礼状を出せば良いのです。先生が忙しくて書けないのなら事務員が書きます（名前は先生の名前にします）。パソコンで毛筆体の定型文を作成して、紹介していただいたところにルーティンでお礼状を送るようにするだけです。

　日頃そんなことをされた経験がない訪問看護師やケアマネジャーは感動してくれます。医師からお礼状が来たというだけで、その先生のファンになってくれます。

　いやらしい言い方ですが、120円の切手代が単価数万円の患者さんに変わるかもしれません。まさにエビで鯛を釣るようなものです。

第3章

プライド VS. 女社会
医療現場に巣食う
トラブルメーカー

免許取得者はプライドのカタマリ

●「2:6:2」の法則

　医療の世界は免許社会です。医師、看護師、薬剤師、理学療法士、作業療法士、言語聴覚士、臨床検査技師、放射線技師、保健師、社会福祉士、その他たくさんの免許取得者の集合体でできています。

　免許取得者の集合体は皆さんプライドのカタマリです。この人たちのプライドを傷つけてしまっては一大事。怒るし、スネるし、辞めるし……。

　どこの世界も「2：6：2」とはよく言ったものです。凄く優秀な上位2割の人ほど威張らないし、腰が低いです。そして下位の2割の方で自信がない人ほどプライドが高く、威張ります。

　医師の方々は免許を取ったときから製薬会社や医療機器メーカーに「先生、先生」とおだてられ、そのことに慣れ切っています。しかも、製薬会社や医療機器メーカーの営業マンはおだてたり、褒めたりすることのプロばかりです。こうして、大学を出てから純粋培養でおだてられながら育ってきた医師たちは、どんどんプライドが高くなっていきます。

●プライドの高さゆえに、自分のミスを認めない

　さて、プライドの高い人は自分のミスを認めることが嫌いなようです。自分は絶対に正しい、周りの人間は自分より劣っている、自分以外はバカだと思っているのでしょう。

また、「自分より優秀だ」と感じる医師が周囲にいると、決まって僕のような無免許者に「あの医師より自分のほうが優秀だ」と口に出して言ってきます。自分で自分のことを「俺のほうが優秀だ」なんて言っていて虚しくないかな〜と、僕は心のなかで呟いてしまいます。優秀かそうでないかは他人が判断するものですけどね〜。

　医師の多くはいつも誰かと自分を比べています。そして、常に誰かと比較している医師は、周囲に他の医師の悪口を言って回る傾向があります。他人と比較してばかりいる医師は自分より少しでも不幸な人を見ると自分は幸せだと感じるようです。

　プライドの高い医師や看護師ほど他の医師や看護師に対してとても厳しいです。些細なミスをことさら大きくして周囲に言いふらします。自分を守るための防衛本能なのでしょうか。僕からするとプライドの高い人の生き方って、とても窮屈に見えます。

　プライドの高い医師ほど怒りやすい人が多いです。怒ることで自分を守ります。怒ってばかりいる医師の周りの従業員は自分に刃が向くと怖いので、その状況を許してしまいます。そんな医師の周りからはスタッフが遠ざかっていきます。看護師の退職理由の1つになることは間違いありません。

　そういえば以前、ある看護師から「○○先生の往診同行には危険手当をください」と真顔で言われたことがあります（笑）。もっともこんな怒りっぽいお医者さんでは患者さんも困りますよね。やはり、穏やかな性格で自分の療養生活に対してわかりやすく説明してくれる先生に訪問診療に来てもらいたいはずです。

　そもそもプライドの高い医師は気弱で自信のないことを隠す

ために威張っている傾向があります。能力のある医師はひけらかしたり、自慢したりしません。すでに周囲が認めているからです。プライドの高い医師に対して理路整然と反論し、徹底的にやっつけてしまうと、その人のプライドはズタズタになってしまいます。

●神のような存在

看護師のなかにはプライドの高い医師を上手にコントロールできる優秀な方がいます。「先生、ここはこれで良いですか？」と聞きながら、うまいこと医師を操縦しています。

ある日、就業時間ギリギリに患者さんから往診の依頼が来たことがありました。「もう少しで就業時間が終わりなのだから往診に行きたくない」なんていう先生に、可愛らしい看護師さんが「〇〇先生、一生のお願い。私、先生がクリニックに戻ってくるまで待っていますから～」と目をキラキラさせながら頼みました。医師は「仕方がないな～」と言って鼻の下を伸ばしながら往診に出かけて行きました。

その先生が出かけた10分後、看護師さんは「時間ですから、私、帰りま～す」と言い残し、さっさと帰って行きました。僕は心のなかで「あれ、先生が戻ってくるまで待っているって言ってなかった？」と呟いてみたものの、笑顔で「お疲れさま～」と看護師を見送りました。僕には、プライドの高い医師を天性でコントロールできる看護師さんは神に見えてしまいます。

医療機関は猿山と同じ

●ボス猿が弱いと秩序が乱れる

 医療は女社会であり、医師というプライドに満ちた社会です。医療機関の秩序と猿山の秩序はよく似ています。

 猿山ではいつでも内紛があって、不安定な状況が続いています。弱い者にはより強く当たります。立場の強い人間はよりワガママになっていきます。

 一般企業でも同じことが言えると思います。医療機関と一般企業の違いは何かと言うと、医師や看護師はすぐに辞めてしまうということです。辞めてもすぐに次の職場が見つかるので、簡単に辞めていきます。看護師や事務員は平気で足の引っ張り合いをしています。人間の祖先は猿です。猿の本能が残っているのかもしれません。

 猿山のボスは言うまでもなく、理事長や院長になります。群れのなかではボス猿が絶対的な権力者です。ボス猿が群れの秩序を守っています。しっかりとしたボスがいる医療機関は明確な方針や理念があり、方向性がぶれず比較的安定した経営や人事になります。一方、方針や理念が定まらない医療機関は倒産したり、M&Aなどで売却されることがあります。ボス猿が弱いと秩序が乱れます。

 ボス猿以外のオス猿を医師だとします。そして、メス猿は医療機関の女子たちであり、看護師や事務員だとします。弱くなったボス猿のところでは他のオス猿（雇われている医師たち）がワガママになります。やがて条件闘争が起こり、経営の危機

が訪れます。

●良識や常識は通用しない

　猿山では順位付けがされています。医療機関のなかでも医師や看護師、事務員は自然と順位付けをしているようです。順位の低い者が順位の高い者に反対意見を唱えると「なんであんたに言われなきゃいけないの？」となります。そのため、医療機関で会議をしても活発な意見はほとんど出ません。発言をするのは同じ人物ばかりです。

　順位の低い人間が発言をすることで猿山の秩序を乱し、イジメの対象になってしまいます。若い人のフレッシュな意見が本来大切なはずなのに、封じ込められてしまうことが多々あります。

　猿山では良識や常識が通用しないことがあります。猿山で注意、指摘などをすると上位の猿は逆切れします。医療法人において上位の人間が常識人であり、スキルの高い人間であればモラルは守られます。しかし、適任でない者が上位につくと逆ギレが頻繁に起こります。

　訪問看護ステーションでは、開業して届け出をするときに必ず所長が必要になります。民間企業などが開業ありきで訪問看護ステーションを開業する際、人数合わせのような所長を採用することがあります。そうすると無秩序の猿山ができ上がります。ギリギリの人数でオープンしていることが多いため、職員に辞められてしまうと訪問看護ステーションを維持することができず、経営は安定しません。

●猿山はいくつかの群れに分かれている

　こんな猿山のなかでも安心して職務を遂行していただかなけ

ればなりません。安心して職務を遂行していただくために経営者は社内規定をつくり、ルール化やマニュアル化をしていきます。しかし、ボス猿がいるときは規定を守りますが、ボス猿のいないところでは秩序が乱れます。いないところで悪口や陰口を言うようになります。

　単にガス抜きのような悪口、陰口でしたらいいのかもしれません。サラリーマンの世界では酒の肴として上司の悪口を話す方をよく見かけます。最終電車の酔っ払いなどはひどいものです。医療従事者は外でお酒を飲みながら上司の悪口と一緒に患者さんの個人情報まで話している人がいます。言語道断です。

　皆さんは、医療機関の猿山は1つだと思っていませんか？ベンツ君で有名な高崎山自然動物園のホームページを見てください。猿山はA群、B群、C群などいくつかの群れに分かれているのです……。

医師の損得勘定

●給料はより高く、業務はより少なく

　医師という職業の人はとかく損得勘定が強いような気がします。他の医師や病院、診療所とお給料や残業の有無、夜間の往診回数、夜の電話の本数などを比較したがります。

　夜の電話の本数や往診などは公平にすることはできません。公平にはできませんが、回数に応じて、手当を出すことはできます。医師は条件の良い他の病院や診療所と比べますが、自分のところのほうが勝っている部分は見ないようです。

　たとえば、「あそこの診療所はお給料がここより年間200万円も高い」と言います。こちらは200万円安い代わりに、看護師と運転手の同行があります。200万円高いほうは自分で車を運転して、看護師も同行しません。こちらはオンコールが交代制ですが、もう一方は24時間365日オンコールです。

　一人で全部診る先生はすべての科を網羅しなければいけませんが、僕がいた診療所では皮膚科、精神科、整形外科などの専門医がいますので、診療内容も限られてきます。

　医師はすべて兼ね備えていることを望むようです。年収は200万円高く、オンコールは交代制で、看護師も運転手もほしい、残業や休日出勤はしない。

　そんな理想の在宅医療の診療所や病院はありません。国で定められた点数のなかで経営をしているかぎり、何かを上げれば何かが下がります。

●経費という概念の欠如

 実は、各クリニックの条件はそんなに差はありません。経費という考え方がない医師は多いです。会社勤めをしている人であれば収入に対する経費という考え方は普通にあると思います。医師（決して少数ではない）のなかには診療報酬の売上を全部自分で稼いだと思っている方がいます。

 仮に医師が1日20万円稼ぐとします。10万円は医師のお給料ですが、残り10万円を経営者がピンハネしていると思うようです。残りの10万円で看護師や事務員のお給料、事務所の家賃、医療材料の仕入れ、各種検査などの外注費や水道光熱費、往診車両のリース料やガソリン代、駐車場代、医療廃棄物処理費などに充てるのです。20万円稼いで20万円すべて医師がもらってしまっては経営が成り立ちません。

 ちなみに、患者さんが補水した量と尿の量はちゃんと比べます。出と入りの量ですね。接種カロリーと代謝量の計算もします。でも診療報酬の収入と経費は考えません。医療の世界とはこんなものなのです。

●劣等感があるから比べたがる

 一般的に他人と比較する人とは劣等感のある方だと思われています。実は優等生のほうが劣等生よりも格段に人と比較しています。社会的地位がある人ほど、自分との社会的な地位の差を気にします。

 医師の採用面接では、「自分は凄いんだ」ということを伝えたい方がたくさんいます。権威づけですね。おそらくそれが自分の一番の武器だからです。履歴書に書かれた輝かしい過去の

経歴を丁寧に説明してくれます。

　僕の経験上では輝かしい過去の経歴がない方のほうが患者さんからは人気があったりします。過去の経歴や専門資格、海外経験といった鎧を身にまとった人が良い医療をしてくれるかというと、まったく別の話です。

　他人と比べることで幸せになるのでしたら、いいでしょう。しかし、他人と比べることで自分は幸せではないと感じてしまう方のほうが多いと思います。

　その結果、他院のお給料や待遇と比べ、退職する医師もいますが、転職後に聞くと転職前のほうが良かったと後悔する方は意外と多いです。出戻りの医師も数名いました。

　確かに世の中には権威や肩書に弱い人がたくさんいます。
「この先生が言っていることだから間違いない」
「この先生なら信用できる」
「この先生なら間違うことはない」
　実際にはマルチ商法や詐欺師が良く使うのがこの手法ですね。もしかしたら、患者さんはそれで幸せなのかもしれません。採用面接で鎧をまとう医師の心のなかは「俺はこんなに凄いんだ。だからお給料を高くしてほしい」ということなのかもしれません。

　在宅医療で必要なのは権威よりも在宅医療マインドです。はじめて在宅医療の世界に来る先生はそれまでどんなに権威があっても在宅医療の世界では新人です。患者さんや家族の気持ちをわかってあげられる、在宅医療マインドを持った先生こそが必要なのです。凄い経歴のある先生ほど、夜間や深夜の緊急コールの対応がお粗末だったりします。

院長が忙しいとダメ

●なぜ、院長に仕事を持ち込むのか

 どこの病院でも診療所でも一番忙しいのは院長です。医療の世界に限らず職人さんの世界もそうでしょうが、「俺の背中を見ろ！」ということなのでしょうね。職人さんの世界であれば技術を盗むということです。医療機関の場合は死ぬほど働いている院長の姿を見せて、君たちも働きなさいということです。

 看護師や事務員は大した仕事でもないのに、すべて院長のところに持っていきます。

「それって他の医師でもできるじゃん」

「看護師でもできる仕事なのに」

「こんなの事務員でもできたでしょ」

 こんな状況になっていませんか？ 訪問看護ステーションの所長、薬局の薬局長、老人ホームの施設長など、もしかしたらどこもそんな状況ではないでしょうか？

 おそらく、人の好い院長先生なのでしょう。お人好しの院長はスタッフから人気があります。スタッフが帰ったあとも一人残業をしています。でも、そんな状況を長い期間続けていると疲弊します。そして、いつかは潰れてしまい、退職します。

 退職して新しい院長が来ました。今度の先生は院長がやるべき仕事以外は他の医師やコメディカルにきちんと任せることができます。そうすると他の先生や看護師、事務員は前院長と比較しはじめます。

「前の院長はやってくれたのに」

「前の院長は働き者だった」
「今度の院長は仕事ができない」

こんなことを言い出します。本来は院長の仕事を減らすために他の医師がいて、看護師がいて、事務員がいるはずです。それなのに他のスタッフは楽をするために院長に仕事を持ってきます。

●院長には院長にしかできない仕事がある

ある看護師がパートの先生の受け持ち患者さんをいつの間にか院長に割り振りました。院長が怒って元に戻しても、いつの間にか再び院長に割り振ります。その看護師に院長に割り振る理由を聞いたらビックリしました。

「パートの先生はいつも当直明けだからかわいそう」

おい、おい、おい……。むしろ当直を辞めてほしいでしょ。こちらは日当を払っているのですよ。そして受け持ち患者数の少ないこのパート医師は夕方4時くらいから机に顔を埋めて寝ています。

スタッフのこの考え方がまったく理解できません。まずはパート医師にたくさん受け持ちを入れて、次に常勤医師、そして院長という優先順位にしてもらわないと困ります。院長はパート医師や常勤医師がちゃんと働いているかどうか、患者さんからの評判はどうかをチェックする機能を果たさなければいけません。また、重篤な患者さんや家族のパーソナリティーが難しく院長でないとダメな患者さんもいます。こういう患者さんを診るために院長の予定を空けなければいけないのです。

この本を読んだ方は理解していただけると思います。しかし、現場ではいつもこんなことが起こっているのです。

立場が上の人を褒めてはいけない？

●医師は褒めたほうが伸びる

本来、褒めるという行為は、立場が上の人が下の人に対して行うようです。マナーの本には、年下の人が年上の人を褒めることもいけないと書いてあります。皆さんはどう思いますか？

製薬会社のMRは、医師を褒めっぱなしです。医師の皆さんはMRより立場が上だと思っています。しかし、MRは「よいしょ」のオンパレードです。でも、相手が喜ぶから褒めるわけですよね。

褒められて怒る人はいないと思います。おそらく先生方のことは褒めたほうが良いでしょう。褒める際は、相手が自慢に思っていることを褒めると効果的です。

さて、以前、老人ホームからある医師に対してクレームが来たことがあります。老人ホームの看護師から「○○先生を叱ってください」と言われました。僕は院長と一緒になって、その先生を叱るのではなく、褒めまくりました。

「○○老人ホームからの先生の評価が高いんだよね〜」

「すごく褒めていたよ」

すると、老人ホームに訪問した際のその先生の態度が滅茶苦茶良くなりました。看護師は僕たちが叱ったから良くなったと思っているようです。

●「褒める」「叱る」の使い分け

もちろん、この方法が適している人とそうでない人がいます。

相手の性格を判断して使い分けます。次の４つのパターンがあります。

①院長が叱って、僕が褒める
②院長と僕の２人で褒める
③院長が褒めて、僕が叱る
④院長と僕の２人で叱る

　相手のパーソナリティーを見て、一番効果があるパターンを選択します。それから順番も大切だそうです。

Ⓐ叱ってから褒める
Ⓑ褒めてから叱る
Ⓒずっと叱る
Ⓓずっと褒める

　一番ダメなパターンはⒷです。最も相手から反発を受けます。そして、一番効果があるのはⒶになります。なかなか難しいですね。叱ることが目的ではありません。クレームが入った内容を修正していただければ良いのです。

　老人ホームからすると、今までイマイチだった先生の対応が少し良くなるだけで格段に評価は上がります。逆に良かった先生がだんだんダメになると評価は著しく下がります。

　さらに、滅多に褒めない院長が褒めると効果は絶大です。日頃から褒めまくっていると、効果は小さくなります。人間の感覚って面白いですね〜。

　僕も褒められるのが大好きです。皆さん褒めてくださいね。僕は「褒められて育つタイプ」です。

リーダーになんかなりたくない

●リーダー昇格を断る理由

　医療の世界もリーダーシップ研修などのセミナーが盛んです。各医療機関でお金と時間をかけています。はたして、こうした研修によってリーダーは育っているのでしょうか？

　もう20年も前のことです。やる気満々の若手職員がいました。彼の年齢は20代後半です。仕事もできるし、アイデア満載でクリニックの新規事業を引っ張っていました。

　ある日、その若手職員に「主任にならないか？」と聞いたら「お断りします」と言われました。こちらとしては仕事の評価としてお給料を上げてあげたいという思いで昇格を持ち出したのです。当の本人は「仕事はこれまで通り一生懸命やります。お給料は今のままでいいです。でも主任は困ります」と言うのです。最近の若い子は欲がないのかな〜とか、草食系なんだと思っていました。理由を聞くと、リーダー職になって仲間たちと距離を置くことが嫌だということでした。

●リーダーは不平不満のターゲット？

　うまくいっていない診療所、病院、介護施設の職員はやる気がなく、不平不満のカタマリで早く辞めたいと思っています。なかには上司を追い出したいなどと考えている人もいます。実は、リーダーは不平不満のターゲットになりやすいのです。医療・介護の職場でリーダーというポジションは必ずしも憧れの的とはならないようです。

医療・介護の人材ビジネスは大盛況です。医療機関や介護事業所の経営者はリーダーが育ってほしいと思っていますし、良いリーダーになれる人材を探しています。病院の理事長が要求するリーダー像はとてもハードルが高く、リーダーになったがゆえにクビになってしまうケースもあります。

●結局、残るのはイエスマンだけ

事務長や看護師長が次々と変わる病院があります。もしかするとクビになったリーダーほどリーダーの資質がある人だったのかもしれません。どういう意味かと言いますと、良いリーダーほどその法人が良くなるように考えて行動しますが、理事長や院長へのゴマすりが下手なのです。理事長や院長に意見をし、煙たがられたりもします。

残念ながら日本には「出る杭は打たれる」ということわざがあります。理事長、院長はレベルの高いリーダーを求めているはずなのに、自分に意見する人材を排除してしまいます。結局、残るのはイエスマンだけです。

リーダーに限らず、職員もなるべく意見を言わない風潮があります。たとえば、会議の席で新規事業に関する素晴らしいアイデアを出した職員がいます。そうすると理事長は「よし、それをやろう。君が責任者となってやってくれ」という流れになります。

しかし、その方が新規事業を成功させたとしてもお給料などで報われることはありません。「良くやった」と褒められるだけです。褒めてくれればまだ良いほうです。

ひどい上司なら手柄を自分のものにしてしまいます。まして や失敗したら責任を取らされます。こんなことを過去に見てき

た職員たちは会議の席で意見は言いません。黙って座っていて会議の時間が過ぎるのをただひたすら待っているだけです。

　もともとリーダーになりたいと思っていない人にリーダー研修を受けさせているという場合もあります。さらに、経営陣がリーダーになってほしいと考えていた人材が、実はその職場をいつ辞めようかと考えていたりします。経営陣と職員の意識のギャップは天と地ほども違うのです。

部下には公平なえこひいきをしよう

●リーダーは常に公平であれ

　医師、看護師、理学療法士、作業療法士、言語聴覚士のなかには院長や看護師長、リハビリセンター長といった上の立場に立つ人がいます。当然、上の立場になったからといって、誰もが部下を上手に使いこなせるわけではありません。

　最近は、医療機関向けのリーダー育成を目的とした勉強会が開催されています。しかし、こうした勉強会で学んでも、免許社会の方々はうまくリーダーとして機能しないことがあります。「役職が人を育てる」という言葉もありますが、リーダーとしての資質を備えている方はほっておいても育ちます。

　部下を公平にえこひいきできる人はリーダーになれます。しかし、ほとんどの方は不公平なえこひいきをします。自分に尻尾を振る人にはえこひいきをしますが、尻尾を振らない人には意地悪をします。

　これではその部署がまとまるはずもなく、チームは分断されます。また、虐げられてきた人がリーダーになった途端、それまでの恨みではないですが、嫌いな人材に意地悪をはじめます。医療人はそういう傾向になりやすいようです。

●ナンバー1とナンバー2の対立

　看護師長は自分の立場を狙うナンバー2の存在を怖がります。そのため、ナンバー1もナンバー2も立場の弱い者を自分の味方につけようとします。看護師はそういう技術に優れています。

人気投票ではありませんが、政治の世界と同様、立場の弱い人を数多く味方につけることは、民意を得ることと同じです。味方につけるために経営的にやるべきではない行動をとる人もいます。いわゆる部下の甘やかしです。

　経営者からすると、なぜ甘やかすのかが理解できません。ナンバー１が部下に厳しくして、ナンバー２が部下を甘やかすと民意はナンバー２に流れます。そのためナンバー１も甘やかしはじめます。これでは経営は滅茶苦茶です。

　院長はこういう状況を理解しているのでしょうか。もちろん、院長がナンバー１とナンバー２の手綱を上手に引くことができれば問題ありません。しかし、実際にはうまくコントロールできない院長のほうが多いでしょう。

　患者さんから人気があって真面目な性格の院長でも、部下の人心掌握は苦手という方は多いのではないでしょうか。もともと医師は独立独歩の一匹狼のような方が多いですから。

　ナンバー１とナンバー２の看護師は、部下の民意を得ようとするのと同時に、院長にもアプローチします。院長は自然と民意があるほう、つまり、多数派を選ぶ傾向があります。ナンバー２が多数派の場合、ナンバー１は孤立してしまいます。

　その結果、ナンバー１は自分の立場を守ろうとして徹底的に威張り出したり、筋の通らないことを言い出したりします。手のつけられないモンスターへ変貌することもあります。こうなると余計に人気を失います。

　院長のなかには、ナンバー１だけを徹底的にえこひいきする方もいます。ナンバー１が突出して仕事ができると独占したくなるようです。シンデレラ症候群とでも言いましょうか。医師の間で仕事のできる看護師を奪い合うようになります。この場

合、ナンバー2を含むその他大勢との間に対立構造ができてしまいます。

看護師の扱いがうまい院長はナンバー1、ナンバー2だけでなく、どの看護師にもうまくえこひいきをします。自分が楽をするためのえこひいきですから、看護師を上手に使います。こういう院長は、看護師の反乱もなくチームが一体化します。すべての部下を上手にコントロールできる理事長、院長がいる病院、診療所は強いです。

●リーダーはみんなのリーダーである

これまでリーダーになったことがない医師がトップに立ちました。自分の言うことを聞いてもらいたいのに、うまく部下をコントロールできません。そんな医師が院長という立場に就くと、必ずと言っていいほど部下の操縦方法を誤ります。

ヒステリックに怒ったり、部下を無視したり、法人に不利益な部下の要求を飲んでしまったりします。こんなことが起こるのはコントロールする術がわからないからに他なりません。

特に無視をしたり、威圧的な態度をとるリーダーは、子どもが母親から叱られてスネている状態と似ています。

アメリカ合衆国第45代大統領のドナルド・トランプ氏は当選したときのスピーチで、選挙で二分してしまったアメリカ人を1つにするために、「私はすべてのアメリカ人の大統領になる」と宣言しました。医療法人の院長、理事長もすべての職員の理事長であり、院長です。職員たちと同じ土俵でけんかをしている場合ではないのです。

立場によって見える景色が違う

●職種により異なる優先順位

地上で見る景色、ビルの10階から見る景色、東京タワーで見る景色……。高さが変われば見えるものが違ってきます。

「何で気づかないの？」

「何でやらないの？」

「何でわからないの？」

多くの人は、自分が見えている景色は誰でも同じように見えると思っています。患者さん、医師、ケアマネジャー、訪問看護師、ホームヘルパー、その他さまざまな職種の方が、在宅医療の現場にかかわっています。それぞれの立場で見え方、感じ方が違います。

それは患者さんとの関係性が違うからです。職種により優先順位が変わってきます。

【医師の視点】

・重症度

・緊急性

・生命の維持

【訪問看護師の視点】

・処置

・安全管理

・QOL（クオリティ・オブ・ライフ）

【ケアマネジャーの視点】

・ケアマネジメント

・家族の負担軽減
・本人の自立支援

【MSW（メディカルソーシャルワーカー）の視点】
・経済力
・介護力
・社会資源の活用

【ホームヘルパーの視点】
・日常生活の支援
・清潔の保持
・介護

【患者さんと家族の視点】
・上記すべて

　他にももっとたくさんの視点がありますが、各職種は上記のような視点で患者さんとかかわります。

●定期的なカンファレンスが大切

　医師は命にかかわることを重視します。看護師は処置などを中心に看て、ケアマネジャーは介護力を注視します。MSWは家族構成や介護力のほか、経済力や人間関係なども検討します。それぞれ視点が異なります。

　すべての職種に共通する目的は、患者さんの生活を医療や介護で支えるということです。目的は同じですが、それぞれの立場で優先順位が違います。優先順位が違うことから、ケアマネジャーは「どうして先生はやってくれないの？」となります。

　薬の飲み合わせなどにより、したくてもできないタイミングがあるようです。その場に一緒にいれば、互いにある程度の理解はできるのでしょうが、同じ日の同じ時間に一同に会する機

会はそれほど多くありません。定期的にケアカンファレンスを行う必要があります。

　勝手な線引きや思い込みにより、クレームに発展することもあります。皆さん、正しいことを言っています。間違ったことを言っている人は誰もいないのに、すれ違います。

　最近は他職種連携という言葉をよく耳にします。特定の地域の診療所と他の会社・施設のスタッフさんだけの問題ではなく、全国的に医療・介護の現場では連携が課題になっています。

　他の施設との情報共有は個人情報保護との兼ね合いもあり、医療側はシステム化を躊躇する傾向があります。コミュニケーションは難しいですね。

●過度な期待はトラブルを生む

　もう1つトラブルが起こる原因ですが、相手に対する過度な期待というものがあります。過度な期待とは、相手が「やってくれるはず」「これくらいはできるだろう」などの思い込みです。相手に対する勝手な期待が怒りに変わることもあります。医療の世界、特に医師、看護師に多い現象です。

　これらは単にコミュニケーションが足りないことが原因です。やってもらいたいのであれば、きちんと言葉や書面で伝えなければなりません。

「一を聞いて十を知る」

　そんな超人はなかなかいません。僕もそんな人間になりたいと思いますが……。

　家族の理解力が高いと、他施設や他職種との連携がうまくいきます。医師の説明をきちんと理解できる家族がいるところは、上手に訪問看護師やホームヘルパーたちと連携が取れます。た

だし、このようなご家庭は少数派です。

　理解力が乏しく病識が足りない患者さんと家族の多くは、医師の説明が理解できないために、それが愚痴になって他職種の方に質問をします。それがトラブルの原因になります。

　医師に直接聞かず、他施設のスタッフに聞いて、しかも質問の内容が正しくないことがトラブルの原因なのですが、「家族が悪い」ということで終わりにしてしまってはいけません。

「先生に何回も聞くのは悪い」

「先生は忙しいのだから、そんなに時間を取ってもらっては申し訳ない」

　患者さんや家族は、医療機関は敷居が高いと思う方がほとんどです。医療機関も風通しを良くして、少しでも敷居が高くならないように、一方通行の医療にならないようにする必要があります。やはり、在宅医療は昔ながらの赤ひげ先生が理想のようです。

魔女狩り

●優秀な新人を排除するお局様

　医療・介護の世界は不思議です。常に人材が足りないのに必ず「魔女狩り」が起こります。ひょっとしたら魔女狩りが起こるから人材不足なのかもしれません。人が足りないのに辞めさせるからまた忙しくなります。どんなに忙しくて人が足りなくても魔女狩りはなくなりません。女性の多い職場だからでしょうか？

　魔女狩りにはいくつかのパターンが存在します。1つは、体内に侵入した異物を排除するかのごとく、新人を排除するパターンです。

　新人を排除する場合は、決まってお局様が登場します。お局様は自分の地位を保全しなければなりません。地位保全のためには優秀な人材が邪魔になります。優秀な人材はいつか自分の脅威になるからです。

　脅威が大きくならないうちに若葉を摘んでいきます。新人を辞めさせる基本はイジメですが、どのようなイジメをするのでしょうか。

　簡単なのは口を聞かないこと（まるで小学生）、そして、仕事を教えないことです。周りには「あの人は仕事ができない」と言って回ります。また、深夜まで残業を強要する、ミスを責める、嘘を教えるようなこともします。

　こんなお局様がいる医療機関は、新たに人を採用しても皆さんすぐに辞めていきます。医療機関や老人ホームにとって最も

困る魔女狩りがこのパターンです。

　良い人材ほど辞めていきます。そうすると、問題児ばかりが残り、地域からの評判が悪い医療機関や老人ホームになります。医療機関や老人ホーム「あるある」ですが、いわゆる負のスパイラルです。

●お局様の政権交代

　ある日、このお局様よりもっと強い性格の人材が入職しました。魔女狩りをしていたお局様に打ち勝ってしまったのです。政権交代が起きます。新たなボス猿の誕生です。お局様の退職を機に、一気に組織内のパワーバランスが変わります。

　ボス猿にも2つのタイプがいます。自分に都合の悪い人間を粛清してしまうタイプと旧お局様の子分たちを上手に取り込むタイプです。粛清タイプがボス猿になると組織の平穏は永遠に訪れません。

　医療・介護の世界は人を育てる土壌が根付きにくいようです。常に人材を募集しているため、求人広告には医療機関や介護事業所の募集ばかりが掲載されます。年間にいったいどれくらいの金額を人材募集に使っているのでしょうか。

　以前は看護師の募集などはハローワークや広告媒体が中心でした。今や医師や看護師だけでなく、理学療法士、作業療法士、言語聴覚士、その他ほとんどの人材が紹介会社から来ます。ここ10年以内で紹介会社を利用する求職者がものすごく増えています。

　人材が足りず就職先などいくらでもあるのに皆さん紹介会社を利用します。面接などで自分では聞きにくいことは紹介会社に代わりに聞いてもらいます。紹介会社は複数の医療機関や介

護事業所にアポを取り、給料など条件の良いところを探します。

　紹介会社は、会社や紹介する職種により異なりますが、安いところでも年収の10％、高いところは年収の30％、平均するとだいたい20％くらいの紹介手数料を取ります。求職者にとっても紹介会社にとっても年収が高いところのほうが儲かり、お互いのメリットが一致します。

●退職者は本当の退職理由を話さない

　前段でお局様が優秀な人材を追い出し、優秀でない人材ばかりが残ってしまう負のスパイラルについて書きましたが、逆に優秀な人材が多い職場はスキルの低い人をイジメます。

　はじめからなんでもできる人間はいません。本当に不適合な人材でしたら組織として対応を考えなければいけません。医療機関には、そこそこの人材を育てられない土壌があるのです。当然のことながら経営者はそんな環境を望んでいません。

　イジメられて退職した人材はその組織に対して良い感情は持ちません。一見、円満退社に見える人も腹のなかにはイチモツを抱えて退職します。退職者全員が「立つ鳥跡を濁さず」であれば良いのですが、イジメられて辞めた人のなかには、跡を濁していく人もいます。

　退職者は本当の退職理由をなかなか話してくれません。なかにはきちんと話してくれる方もいますが、もっと早く言ってくれていればと思うことがたくさんありました。

　イジメて辞めさせる人に限って、「人が足りないせいで残業が多い」と不平不満を言います。心のなかで「アンタが辞めさせるから楽にならないんだ」と言いたい気持ちをグッと堪える経営者も多いでしょう。

そう、経営者はひたすら我慢、がまん、ガマン……。「そんなの医療・介護の業界だけじゃないよ」という方も多いかもしれませんが、医療と介護の業界は特に大変だったりします。
　つらい、汚い、給料が安いうえに、こんな仕打ちをされたらそりゃ辞めちゃいますよね〜。

裸の王様

●イエスマンは曲者である

魔女狩りには、経営者（理事長）自身が参加しているケースもあります。本当は参加しているわけではないのですが、結果的に従業員からの情報を鵜呑みにして、知らず知らずのうちに魔女狩りに加担してしまっています。

従業員は嘘をつきます。事実と違う内容でトップに報告されることが多々あります。嘘を言っているつもりがなくても情報にバイアスがかかります。

イエスマンだけを周りに置くトップは、報告された情報や噂を一度信じてしまうと周りが何を言ってもまったく聞く耳を持たなくなります。裸の王様と化します。

周囲のイエスマンたちは曲者です。曲者たちは王様のコントロール術に長けており、自分に都合の悪い人物を悪者に仕立て上げます。

●人事は好き嫌いで決まる？

イエスマンは一見すると大人しそうな存在ですが、自分に都合の悪い人を徹底的に追放します。イエスマンにとって都合の悪い人物は知らず知らずのうちに理事長にとっての反逆者であるかのようなイメージ付けをされていきます。理事長がその人間を嫌いになるように仕向けることがとても上手なのです。

結局のところ人事なんて、究極的には好き嫌いで決定されるのかもしれません。

はじまりはいつも無視

●誰もが「家庭の事情」で辞めていく

　医師、看護師の世界では無視により人間関係が終わります。単に好き嫌いというレベルで個人的に無視するのは仕方がないかと思います。ただ、業務に差し支えるような職場全体による無視は見逃せません。

　ある日、院長から「〇〇さんが孤立しているかもしれない」「お昼にいつも1人でお弁当を食べている」という報告がありました。このレベルになってしまうと修復は難しいです。

　こうした場合、たいてい1か月以内には辞表が出てきます。退職前に理由を聞いてもなかなか正直には話してくれません。多くは「家庭の事情」とあいまいに答えます。しかし、こちらとしては本当の理由が知りたいのです。

　退職する理由を知っておかないと、何度も何度も同じことが起こります。そこで本心を聞くために、周りに聞こえないような場所、または外の喫茶店などで話をします。職場のなかでは本当の退職理由は言いにくいようです。

　大人の世界ですから、子どものように殴られたとか、トイレに閉じ込められたとか、そんなわかりやすいイジメはありません。はじまりはいつも無視です。

　男女間ですと男性が先に女性を無視するようです。なぜかというと基本的に男性は「女性には言葉で勝てない」とわかっていて、口をつぐんでしまうということです。

　恋人同士や夫婦間でも男性が口をつぐみます。これがエスカ

レートして無視ということになります。無視という行為がはじまると男女間のお別れは近いのかもしれません。

●無視は次第にエスカレートする

職場のなかでは男性同士、女性同士でも無視はあります。最初は学生と同じですね。次のような流れでエスカレートしていきます。
①グループLINEなどに入れない
②グループLINEで特定の人の悪口がはじまる
③本人のことだけでなく家族の悪口まで言う
④業務の連絡を伝えない
⑤ミスを誘発させる
⑥ミスをさせて上司に告げ口をする
⑦職場みんなで無視をする

90％の人はこの状態に耐えられず退職していきます。

5％の人は無視されている状態をまったく気にしません。どこ吹く風で孤独が大好きな人です。子どもの頃からこういう状態に慣れているのか、淡々と自分の業務だけをこなして定時に帰ります。

残り5％の人はもう少しだけ強い人たちです。数人の仲間がいて、完全に孤立はしていません。喧嘩の対称軸になります。仲間が数人いることで心のバランスを保っています。しかし、このパターンでは退職するときに、3～5人くらいで同時に退職届を持ってきます。いわゆる集団脱走です。このときとばかりにイジメの首謀者のことを洗いざらい話して辞めていきます。この集団脱走の方たちは、しばらくするとなぜか全員が近所の同じ病院に就職していたりします。

この集団脱走によって、はっきりとした原因がわかります。まあ、うすうすはこちらもわかってはいますが、「やっぱりそうか」となります。しかし、5人も一度に辞めてしまっては、経営者サイドとしてまずは職員の補充が最優先になります。業務が止まらないようにしなければいけません。

●異動によって生き返る人材もいる

　しばらくの間は原因について知らない振りをしておきます。鈍感を装うしかありません。これが経営者のストレスが溜まるところです。経営者はひたすら我慢、がまん、ガマン……。

　やっと人数が定数となったときに原因をつくったボスに注意をします。そして、新人が同じ目に遭わないように目を光らせ、定期的に聞き取りなどを行います。原因分子の人に辞めてもらうか、様子を見るかの判断をしなければいけないタイミングになります。

　原因分子がいなくなったところで必ずまた同じことが起こります。これは本当に不思議なのですが、人間が持って生まれた性分なのでしょうか？

　ある日、孤立している職員にタイミングを見て話をしてみると、ちゃんと笑顔で話をしてくれますし、コミュニケーションも問題ありません。むしろ話しかけられて嬉しかったようです。こういう人材を失いたくないのです。

　診療所が複数あると異動によって生き返る方もいます。むしろ異動によってもの凄く仕事をしてくれたりします。その人は異動先の診療所で再び孤立することはありませんでした。ということはその人に原因があるわけではないのです。あれだけ「仕事ができない」とか「ミスが多い」とか言われていたのは何だ

ったのでしょう。診療所が1か所だけのときは異動の選択肢はありませんが、分院などがある場合は定期的に異動させるのが良いのかもしれません。

●日本人は集団行動に同調しやすい

　以前、テレビ番組『開運！なんでも鑑定団』でおなじみの北原照久さんに教えていただきました。「愛の反対は無関心」なのだそうです。無関心＝無視ということなのでしょうか。

　こうした経験からわかったことは、その人のパーソナリティーに関係なく、何かの拍子に皆から無視されることが起こり得るということでした。子どもの頃からパーソナリティーによって無視をされる人もいるのでしょうが、誰にでも降りかかる災難でもあるということです。

　一度ボタンをかけ違えてしまうと、その人の力で周囲の状況を変えるのは難しいようです。こうしたイジメには日本人特有の集団心理が働きます。「赤信号みんなで渡れば怖くない」という言葉は日本人気質そのものです。

　『世界の日本人ジョーク集』（早坂隆著、中央公論新社）という本に次のようなことが書いてありました。

　ある豪華客船が航海の途中で沈みはじめました。船長はそれぞれの外国人に海に飛び込むように指示をしました。

　アメリカ人には「飛び込めばあなたは英雄になれますよ」
　イギリス人には「飛び込めばあなたは紳士です」
　ドイツ人には「飛び込むのがこの船のルールになっています」
　イタリア人には「飛び込むと女性にもてますよ」
　フランス人には「飛び込まないでください」
　日本人には「みんな飛び込んでいますよ」

日本人はいかに集団行動に同調しやすいかがわかります。その集団行動の1つが「無視」であり、医療機関ではよく起こります。無視という行為は相手に絶望感を与えるようです。解決の方法はまだわかりません。

嫉妬と陰口

●複雑な派閥形成のしくみ

　医療・介護の業界は女性社会です。女子が3人集まると派閥ができます。怖い世界ですね〜。ややこしいのですが、仮にA、B、Cの3人だとします。

　今日はAとBが仲良しです。Cの人が仲間外れになっています。そう思って何気なく見ていると1週間後、BとCが仲良くなって、今度はAが仲間外れになっていたりします。男性には女性の派閥形成のしくみがわかりません。

　3人でも派閥ができるのですから、女性が10人、20人、50人とどんどん増えていくと、人間関係は複雑になりすぎて困ります。

　「魔女狩り」のページでも書きましたが、必ず1人はイジメの対象ができ上がっています。依存型の女性は多く、群れをつくります。なかには一匹狼を好む女性もいます。これは女性に限らず男性も同じです。もしかすると動物全体がそうなのかもしれません。

　さて、イジメの原因です。仕事で失敗したのでしょうか？　何か迷惑をかけたのでしょうか？　仕事が遅いとか、いつも遅刻するとか……。

　そういう理由ならわかりやすいのですが、あとからこじつけた理由のようなこともあります。イジメや仲間外れ、派閥の理由はわかりやすいものではありません。

　日頃の会話のなかでご主人の勤め先だったり、職種だったり、

収入だったり、もしくはお子さんの通う学校のことだったり、職場とは無関係のことで妬みや嫉みが生まれ、悪口になり、噂になり、イジメになっていきます。そして、噂は尾ひれがついて回ります。

面白いのは適度な一匹オオカミは群れないのにイジメられないことです。あまり自分のプライベートに触れないからなのでしょうか。基本は群れない、そして適度にグループに参加している方はニュートラルでいるようです。一匹オオカミは女性のなかではごくごく少数派のように感じます。

●負の感情は伝染する

悪口や怒りは伝染するようです。自分の感情を他の人の感情とシンクロします。感情のシンクロは子どもを見るとわかりやすいのですが、ギャーギャー泣いている子どもが親の一言でピタっと泣き止んだり、親がうろたえると、感情が伝染してもっと泣き声が大きくなったりします。

職場内の怒りの感情は空気で感染してしまいます。お酒の席でも1人が怒り出すと全体の雰囲気が一気に悪くなります。怒り、妬み、嫉みの波動って怖いですね。

もちろん、これらの感情は男性の世界にもあります。ただし、男性の怒り、妬み、嫉みの理由は家庭や家族のことではなく、職場での不公平感や所得への不満、または上司の理不尽な命令、パワハラ、モラハラが原因であるように思います。

職場のなかでの悪口や陰口はないことが望ましいのですが、人の口には戸は立てられないというか、知らないところで自然発生します。管理者として一番、頭の痛い問題です。こんなことで優秀な人材がいなくなってしまっては困ります。

「昨日の敵は今日の友」で「昨日の友は今日の敵」です。医療・介護の現場は女性が多く、いつでも人手不足です。これから介護の世界では外国人実習制度などもはじまります。外国人の雇用が、こんな女性社会に少し風穴を開けてくれないかな〜と期待しています。世界中の女性は全部同じなのでしょうかね。

1つ言っておくと、女性社会の職場に、気難しい医師たちと一緒にいる僕のことを「猛獣使い」だという方がいました。

告げ口外交と女帝の暗躍

●理事長をコントロールする「女帝」

　最近は告げ口外交というと韓国をイメージします。以前でしたらカンボジアのポルポト派による大量虐殺を思い出します。ポルポト派による大量虐殺とは、簡単に言うと密告による知識人狩りです。

　小さな医療法人では同じようなことが起こります。理事長による独裁的な経営のところでは起こりやすい現象のようです。僕もいくつかの医療機関の顧問や理事などをしていますので、過去に何回か遭遇したことがあります。

　おそらく極度に人間を信じないタイプの理事長のところは独裁が起こりやすいのでしょう。医療法人の発展のための助言であっても危険分子と判断されます。

　そして、そのような医療機関には理事長をコントロールする女帝が必ず存在しています。女帝は巧みに理事長を洗脳していきます。

●優秀な人材こそ狙われやすい

　洗脳する理由の1つに、自分のポジションの安定を図るということがあります。将来、女帝の反乱分子となり得る人物をターゲットにしますので、特に優秀な人物が狙われます。そうなのです。まるでポルポト派による知識人狩りです。

　こういう女帝は上手に他の従業員にも密告をさせていきます。密告をする人は生き残れます。密告をしなければ自分が密告さ

れると思うようです。密告により従業員の間に疑心暗鬼が生まれます。些細なミスは何十倍にもなって報告されます。

　女帝の子分たちにより特定の人物の噂が拡散され、仕事ができないとか、問題があるとか、時には人間性に及ぶことにまで尾ひれがついて理事長の耳に届きます。または、その人物がミスをしやすいように業務の情報を遮断するようなことをします。

　そして、ついに理事長は「俺から注意をしないとダメだな」「3回注意してダメならクビだな……」となります。女帝はシメシメです。注意を3回させることなどわけがありません。

　一方、独裁的な理事長にとって従業員の首切りは一種の快感のようです。その瞬間、脳から麻薬が出てくるようです。医療現場においては人材こそが宝です。とてももったいないお話ですね。

ハニートラップ

●噂の真相

　毎年、忘年会のあとは「○○院長と女性スタッフの○○が……」という噂が出たりします。人は噂が大好きです。
　さて、こうした噂の真相はわかりませんが、「あ〜やっぱり、そうなの」というようなこともたまにあります。ある日を境に急に女性スタッフの態度が変わります。どう変わるのかと言うと、「まるで奥さん気取り？」「あなたはオーナー夫人なの？」という感じです。こうなると噂は噂ではなくなってしまいます。

●周囲が知らないところで勝手に話を進める

　僕も8割くらいは「何かあったのかな？」などと思ったりしました。その一方で、院内で自分のパワーバランスを上げるために何もないのにさも何かあったかのような噂を自分自身で流す女性もいます。そうそう僕も過去に何もないのに噂になったことがあったなぁ〜。
　噂とは関係ありませんが、男性も女性と同じようなことをします。「理事長からすでに了承をもらっています」「事務長に許可を得ましたから」と言って、周囲が知らないところで勝手に話を進めてしまう人がいます。
　世の男性もこの程度はします。しかし、女性がオンナを武器に職場内を上手にコントロールしていることってよくあるんですよね〜。

ただ言いたいだけの女性職員

●男性脳と女性脳

　人が集まれば必ず何かトラブルが起こります。医療・介護の現場は女性が多く、人間関係やパワーバランスが複雑です。馬が合う、合わないなど、それぞれの思いが病院、診療所という1つの箱のなかに存在しています。仕事に支障をきたすトラブルやコンプライアンス上の問題が起きれば、当然、解決に乗り出さなければなりません。

　ずいぶん前ですが、男性脳、女性脳についての本を読んだ記憶があります。その本には「男性は問題が起こると解決をしたくなり、女性はただ話を聞いてほしいだけ」ということが書いてあったように記憶しています。

　確かにその通りです。管理職の女性職員や歴代の看護師長たちは些細なことを大げさに院長に報告します。愚痴なのか、問題があるのか、よくわからないことを言いに来ます。

　その内容はおそらく10倍以上に盛られています。しかも、ただ言いたいだけの場合もあります。院長はその話を聞いて「結局、何だったの？」ということが繰り返されます。真面目な院長ほど、その報告に対して何かを解決しなければいけないと思ってしまうようです。

●正解は誰にもわからない

　「ただ聞いてほしいだけ」という看護師長に、真面目にアドバイスをしようとする院長、そのアドバイスも聞かずにどこか

へ行ってしまう看護師長……。これもコミュニケーションの1つと言えば1つです。

僕に矛先が向かないことを望みますが、そんなわけにはいきません。僕のところにも看護師長が同じ話を持ってきました。一応、相づちを打ちながら話を聞きます。

さて、僕はどう対応すべきでしょうか。自分のなかで対応パターンをきちんと分析し、何かアクションを起こさなければいけません。

①適当に放置する
②放置してはいけない案件で解決策が必要
③何かアドバイスをする
④他の人に相談する
⑤その他

対応はしばしば間違うことがあります。「やってしまったな」と、あとで失敗に気づく自分がいます。対応がすべてうまくできるようになれたら、きっと夫婦喧嘩も起こらないのでしょう。しかし、おそらく世間は正解がわからない男たちで溢れています。

以前テレビで聞いたフレーズで、私の頭のなかにずっと残っている言葉があります。

「男はしてあげたことをいつまでも覚えている。そして、女はしてくれなかったことを一生忘れない」

う〜ん、深い！　そうなのです。適当に放置して解決しなかったことは、看護師長も一生忘れません。

●相手を分類し、付き合い方を変える

最近は「男脳を持った女性」「女脳を持った男性」も少なか

らずいますね。「男脳を持った女性」は組織のなかではとっても貴重です。そして、どう分類されるかは普段の行動で割とわかりやすかったりします。分類としては次の4つしかありません。

①**男脳の男**
②**男脳の女**
③**女脳の男**
④**女脳の女**

　どこに分類されるかで、その人との付き合い方がわかりますよね。①と④は普通に対応すればいいです。②と③は男女逆の対応をすることになります。

　なんとなくどんな人たちかわかりますか？　たとえば、「女脳の男」は男なのにスイーツが好き、男なのに優柔不断、男なのに安定志向などです。「男脳の女」は女なのにオタク、女なのにオモチャ好き、女なのに鈍感などです。あなたの周囲にもこんな感じの人がいませんか。僕個人としては男気のある女性が大好きです。

　クリニックの事務長の仕事では、コミュニケーションが一番大切です。皆さんに気持ち良く仕事をしてもらうことに尽きます。

職員をうつ病にさせていないか？

●反対意見は単なるわがまま？

　事務長としてクリニックを見ていると"白い巨塔"を感じることがしばしばあります。イエスマンではない職員は、理事長から嫌われていきます。意見の違いは仕方ありません。むしろ正しい意見を言っている職員もいます。

　理事長からすると、職員の反対意見は「わがまま」とか「やる気がない」といった風に見えるようです。そんな職員にひどい仕打ちをする理事長も存在します。嫌いになった職員に対して職場から追放するような行動をするトップがいるのです。

　追放するためにプレッシャーをかけたり、人事や配置転換などで孤立させたり、パワーハラスメントに近い行為もしばしば見受けられます。

　職員を辞めさせようと思う理事長は考え方が基本的にドSです。イジメることが大好きなのでしょう。仕事を円滑に回すよりもイジメるほうがメインになっていることがあります。

　イジメに対してうつになってしまう職員がいます。将来や経済的な不安を抱き、自信をなくしたり、やる気がなくなったりと、うつになってもおかしくない状況に追い込まれます。

●辞めさせたい職員をうつ病に追い込む

　医療機関に勤めている看護師などは他の職種と比べて精神科などの受診率は高いと思われます。本人からうつ病の診断書が提出されることもあります。理事長からは「あいつがうつ病な

んて嘘に決まっている」「そんなタマじゃない」といった医師とは思えないような発言も聞かれます。パワーハラスメントにおいて強者の側は自分にうつ病の理由があるなどとは１ミリも感じていないものです。

　インターネットでうつ病を調べてみると、「企業はうつ病になった従業員を簡単に解雇できない」という記事を見かけます。しかし、うつ病にかかった職員のほとんどが自分から退職していきます。

　診療所や病院では辞めさせたい職員をうつ病に追い込んでいる気がします。うつ病になると集中力が欠けてミスをしたり、仕事への意欲が低下し、欠勤が増えたりします。他の職員からも不満が出るようになり本人の居場所がなくなっていきます。

　ドＳの理事長はさらなる追い込みをかけます。もしかすると、うつ病に詳しい医師は嫌いな人間を辞めさせるために確信犯的にうつに追い込んでいるのかもしれません。

　うつ病を自覚して精神科や心療内科などを受診すると、医師はいとも簡単に「職場を変えたほうが良いですよ」と言います。職場の理事長からすると渡りに舟というか、まるで結託しているかのようです。当の職員からは「うつ病と診断されました。受診先の先生から職場を変えるようアドバイスがありましたので、退職させてください」と申し入れが来ます。

　こういう姿を見ると辞めたほうがこの人にとって幸せだろうと思ってしまいます。そして、そういう診療所の雰囲気はなんとなくイジメが増え、定着率の悪い職場へと変わっていきます。

他人の不幸は密の味

●人材不足が起こす負のスパイラル

　誰かが不祥事を起こすとテレビのワイドショーなどで徹底的に糾弾する風潮は、年々増えてきているような気がします。世間は他人の不幸が大好きです。人は皆、マイナス思考とプラス思考の両方を持っています。

　良い仲間、良い人間関係、ストレスの少ない職場においてはプラス思考になりやすく、人間関係に問題があり、ストレスの多い職場ではマイナス思考になりやすくなります。マイナス思考になると寝不足になったり、体調が優れなくなります。

　また、経済的困難者などもマイナス思考に陥りやすい傾向があるのかもしれません。マイナス思考の人は自分よりも不幸な人を見て自分の欲求を満たします。

　医療・介護の業界はマイナス思考に陥りやすい環境です。「きつい、汚い、危険」の３Kに加え、給料が安い（一部、医師などは高級ですが）からです。したがって、万年人材不足です。

　医療・介護の人材確保は経済状況に左右されます。不景気のときは世間の仕事量が減るため、仕方なく医療・介護業界に移って来る人がいます。これまでは不景気によって業界がなんとか人材を確保することができていました。しかし、経済が上向くと医療・介護に来た人材は再び元の業界に戻っていきます。アベノミクスにより経済が上向いたこと、震災復興による建築需要の増加などが重なって、特に介護業界の人員が減ってきました。

少子超高齢社会において顧客である患者さん、利用者さんは増加していますが、それを支える人材はどんどん枯渇しています。社会保障費の増大という問題もあり医療・介護の経営環境はどんどん悪くなっています。こんな負のスパイラルによって職場環境におけるストレスはとても高い状態です。

　2016年に起きた大口病院点滴殺人事件や相模原障害者施設大量殺人事件、川崎老人ホーム転落死事件など近年、医療・介護業界での事件が目立ちます。単に犯人がおかしいだけと言う方も多いかと思います。特殊な事件ではありますが、もしかすると医療・介護の現場には同じような思考回路の人間が隠れているかもしれません。

●ストレスはマグマのように溜まっている

　さて、これまで医療・介護業界を見てきて、現場で起こりやすい状況をまとめてみたいと思います。

・特定の誰かを批判したり、馬鹿にする
・相手の価値を認めない
・大声を出して怒ったり、物に八つ当たりする
・すべてのことに反対する
・相手を無視する
・会話がない
・前向きな提案がない
・愚痴、不平不満ばかりを言う
・相手が困るようなことをする
・大切な会議などの日程を知らせない

　思い当たる節がいくつかありませんか？　このような積み重ねが人間関係を大きく悪化させたり、職員をうつ病にしたりし

ます。大半の人はこんな状況では人間関係の終了という道を選び、その方法として退職を選択しているように思います。一見、普通に円満退職と思われる場合でも実はこうしたケースが相当含まれているのかもしれません。

　年齢やプライド、経済状況などによって円満退社ができない人材が職場に溜まっているケースがあります。マグマのようにストレスを溜めることがトラブルを招いているように思います。

　経営の視点では人材が辞めていくことは不本意ではありますが、個人的には定期的に人間関係を終了することも自分を守るためには必要だと思います。人間関係を上手に築いていける人、そうでない人とそれぞれ個人差がありますので、仕方ないことなのかもしれませんね。

　明るく楽しく、仲間同士が助け合える……。そんな職場づくりが理想形です。組織が小さいうちはできます。組織が大きくなったときこそ、そんな雰囲気づくりが大切になってきます。

共通の敵をつくる

●マイナスの感情をかけ算すると……

　この本では職場内のイジメや仲間外れといった内容に触れてきました。そういう憂き目に遭う人は本当に仕事ができなくてイジメられるのでしょうか。人間性に問題があるのでしょうか。ウソつきなのでしょうか。それとも態度が悪いのでしょうか……。

　人間には共通の敵をつくると仲良くなるという習性があります。診療所内で特定の誰かを敵にすることでその人たちが仲良くなります。イジメることで絆を深めていきます。そのため人間性にまったく問題がなくてもイジメのターゲットになることがあります。

　サラリーマンの世界では、アフターファイブにビールを飲みながら上司や会社の悪口を言ってストレスを解消します。上司や会社を仮想の敵として、悪口を言う人たちが同志となります。

　医療・介護の世界は女性社会です。仕事が終わると買い物へ行って、家族の食事をつくらなければいけない方も多く、なんとなくストレスのはけ口がありません。そこでLINEを使って深夜に職場の仲間と誰かの悪口を書きます。それがはけ口となるようです。

　どうやらマイナスの感情とマイナスの感情がかけ算になると、その2人の間ではプラスの感情になるようです。しかし、職場にとっては、マイナスのかけ算は大きなマイナスになります。

● **敵の敵は味方である**

こうした感情のかけ算は一般の職場以外でも見られます。中国や韓国は国民に対して反日感情をあおり、仮想の敵をつくることで、政府への批判を目くらまししています。批判のベクトルを外に向けているのです。

診療所や病院の経営者もこういう手法を使うことがあります。社会保障費が足りない日本では、医療機関の経営環境はどんどん厳しくなってきていて、従業員たちは所得の低さや職場環境に対してたくさんの不満を抱えています。そんななか厚生労働省を共通の敵にすることで不満を和らげています。

「診療報酬が下がったんだから仕方ないよね〜」
「こんな点数にして厚生労働省は何を考えているんだ」

こんなことを従業員に言いながら共通の敵をつくり、「経営陣も困っている。被害者だ」という印象を与えます。要は敵の敵は味方ということです。自然と同盟軍となることができます。

● **人の口には戸を立てられない**

女性は男性よりも群れをつくることに長けています。男性と比べると非力なため、生き残るには群れをつくるという本能があるようです。草食動物が群れをつくり肉食動物から身を守るのと同じですね。弱い動物は身を守るために本能で群れをつくります。この本能は組織のなかでは厄介です。本能ですから防ぐ方法が見つかりません。人数に関係なく女性の多い職場ではこの本能が現れます。

職場のトップが強いリーダーシップを持っているところでは、この本能が出てきません。ライオンのオスや猿山のボス猿がい

るところでは秩序は守られます。女性たちは守られているという安心感があるので、自分で身を守るという本能が和らぎます。

　従業員が地域内のライバル病院、ライバル診療所、ライバル介護施設に目を向けてくれると、仮想の共通の敵ができます。しかし、従業員は何かの拍子に退職をします。しかも職場に不満を持って退職した場合はどうなるでしょうか。

　そうです。「敵の敵は味方」なのです。この退職者はライバルである近隣の病院、診療所、介護施設へ転職していきます。経営陣は安易に近隣のライバル施設の悪口は言わないほうがいいですよ。良きライバル、地域の社会資源と思わないと敵ばかりが増えてしまいます。隣の診療所と仲が良ければ、従業員はそちらには移りません。

　まさに「人の口には戸を立てられない」ということわざの通りです。他にも「好事門を出でず悪事千里を行く」ということわざもありますが、昔からこういう行為を禁止する手立てはありません。

同じ土俵に乗ってはいけない

●飲み会の席の愚痴や不満はタブー

　医師や看護師に医療の専門的な話をしても勝てるわけがありません。専門的な知識があるかのごとく話せば、ただの知ったかぶりになります。できるだけこちらの土俵で話すことが大切です。こちらの土俵とは医療制度や医療経営の話です。

　もともと医師は勉強好きな方々です。自分の知らない話を興味深く聞いてくれます。飲み会の席でこれから医療の世界がどうなっていくのかを話すと、興味津々です。逆に医師との飲み会の席で日頃の愚痴や不満の話はタブーです。火に油を注いでしまいます。未来の話が良いですね。

　しかし、残念なことに、未来の話でもマイナスな話になることがあります。マイナスと言っても厚生労働省や日本の政治に対する不満です。とても壮大な愚痴です。こういう話は医療機関への不満と違い、業務に差し支えることはありません。

　皆の不満のはけ口が厚生労働省や国に向いていただくことは、実は経営者にとって有利です。なぜならバーチャルな世界で共通の敵をつくることができるからです。国や制度という共通の敵について不満を言うことで、なぜか一体感が生まれます。

　もしかしたら、本来はクリニックへ向くはずの不満が、「そうか、それは国が問題だ」「では、仕方がない」と思っていただけているのかもしれません。この場合、溜まったマグマだけを吐き出すことができます。厚生労働省さん、ごめんなさい。

　また、制度に不満を感じることでどこの医療機関へ行っても

同じと思っていただけます。医師は隣の芝生は青く見えるようで、どうも他院のほうが良く感じるようです。

●相手をモンスター化させない

同じ土俵に乗らないとは、「相手をモンスター化させない」ことです。従業員は不満を溜め込むと、何かの拍子にモンスターと化すことがあります。

クレーマーへの対応も同じです。そういえば、昔こんなことがありました。電話口で事務員が泣きながらクレーム対応をしていました。途中で僕が電話を代わりましたが、相手は寝たきりの患者さんの奥様でした。そして、この患者さんは某右翼団体の方です。なぜ右翼団体と判明したかというと、訪問している担当医師が、「お宅に赤尾敏のポスターが貼ってあった」と言っていたからです。

クレームは「自己負担金について納得がいかない」という内容でした。中心静脈栄養指導管理料という点数について、「私は指導されていない」「ポンプ加算や栄養管セット加算も納得できない」と言っています。カルテを見ればちゃんと指導内容は書いてあります。

電話で請求内容を説明しました。「すみません、厚生労働省が付けた名称で内容がわかりにくくて勘違いさせてしまいました」と謝りましたら、この方は急に優しくなりました。そして、「そうなのよ。国が付ける名称はわかりにくい。一緒に戦いましょう」と言われました。共通の敵が見つかったようです。

●場の空気を支配する

さて、同じ土俵に乗らないということは、「その場の空気を

支配する」ということでもあります。相手にどんどん話をさせますと、その場の空気は相手が支配してしまいます。

昔、学校の先生から「人の話はよく聞きなさい」と教わりました。本にもよくそう書いてあります。聞くということは大切なことです。でも、もっと大切なのは聞き方です。

深夜に電話をかけてきて、何時間も愚痴を言う人がいます。はじめは「聞いてくれてありがとう」なのかもしれませんが、毎夜愚痴を聞いていると、ある日突然、モンスターに変わります。モンスターに変わると、そのモンスターから話を聞いていたお人好しの人にも伝染してしまいます。そう、怒りは伝染するのです。そして、いつの日か退職していきます。

念のため断わっておきますが、いくら同じ土俵に乗らないからといって露骨な話題変更は嫌われます。上手にその場の空気を支配してくださいね。空気を支配するのと同時に空気も読んでください。露骨に話題を変える人は、ときに「KY」と言われてしまいますからね〜。

第4章

地域の信頼を勝ち取るための患者クレーム対応術

クレームをチャンスにするか、ピンチにするか

●クレーム対応は医療機関の腕の見せどころ

最近、老人ホームなどに往診をしている医療機関が増えました。老人ホームから医療機関へのクレームはたくさんあります。

老人ホームの利用者さんが老人ホームのスタッフに医療機関や薬局などのクレームを言います。老人ホームのスタッフから診療所へ伝言ゲームとなってクレームの電話が来ます。

伝言ゲームと書いたのは、利用者さんにとってはちょっとした愚痴や不満、希望のつもりで話した内容が、老人ホームのスタッフを通すことにより10倍くらいのクレームになって伝わってくるからです。

老人ホームのスタッフは責任回避からすぐに医療機関に電話をします。自宅で診ている患者さんや家族でしたら電話をして来ないような些細なことでも連絡が来ます。

決してこれが迷惑だということではありません。むしろ些細なことでも連絡をいただいたほうが風通しは良くなります。

このクレームをどう対応するかが医療機関の腕の見せどころであり、地域からの信頼を勝ち得ることにつながります。また、小さな不満は溜めておくと、いずれ大きなマグマに変わり大爆発を起こす可能性があります。

●クレームに逆ギレする医師

医療機関の医師のなかには電話をくれたスタッフに対して逆ギレしてしまう人がいます。在宅医療を行う医療機関は年々増

加していますが、逆ギレタイプの医師は案外多いかもしれません。

「何でこんなことで電話をしてくるんだ」

「今、何時だと思っているんだ」

こんなことを言われてしまえば、次から電話はしてきません。その経験がトラウマになります。

こうした発言よりもっとひどいのが、何も言わずに黙って電話を切ってしまうことです。そういう医師もいるそうです。

これでは「連携をしよう」とはならないでしょうし、その医療機関とはいつか連携の契約を解除してやろうと思うのは当然です。

●在宅医療機関に多いクレーム

些細なことで連絡をくれるスタッフに丁寧に対応する医師は人気があります。老人ホームでは1つの医療機関だけと契約すると何かのときにリスクがありますので、最近では2つ以上の医療機関と連携の契約をしている施設が増えてきました。2つ以上の医療機関と契約している施設のスタッフは医療機関の対応を比較することができます。

片方は横柄な態度できちんと対応してくれない。もう片方は丁寧に対応してくれるとなれば、どちらの医療機関を選ぶかは明白です。

在宅医療機関へのクレーム内容には次のようなものがあります。

・話を聞いてくれない

・身だしなみが不潔

・いつも訪問診療に来る時間がバラバラである

- 要点がわからない
- 昼食の時間になっても診療をしている
- 態度が横柄
- 威張っている
- 相手を目下に見ている
- 目を見て話さない
- 話が長い
- たばこのにおいがする

　医師のなかには老人ホームのスタッフを目下に見る人がいます。医療機関のスタッフは勝手に施設をランク付けしています。地域の病院よりもクリニックが下、クリニックよりも薬局や訪問看護が下、訪問看護より介護事業者が下といった勝手な上下関係をつくりたがります。

　関係性において自分が上位だと思っていると、とかく対応が横柄だったり、傲慢だったりします。上下関係が下だと思っていた老人ホームからクレームが来たので医師は逆ギレするのです。「施設との契約を打ち切りにしちゃえ」という医師もいます。

　しかし、川上、川下で考えれば本来、患者さんを紹介してくれる老人ホームが川上で、紹介される医療機関は川下なのです。契約を辞めれば毎月数百万円の売り上げがなくなります。

●初期対応が地域の信用を左右する

　クレームはとても重要で、その対応次第で地域からの信用を一瞬で失ったり、逆に対応が良いと一気に評価が上がります。つまり、クレームはチャンスなのです。そしてクレームを言ってくれる老人ホームの存在はありがたく思わないといけないのです。

クレームを言ってくれる老人ホームは自分たちのいたらないところを教えてくれる先生です。クレームも言ってくれず、突然、契約を切られて「何で契約を切られたかわからない」という医師がいますが、日頃の不満がミルフィーユのように積み上がっていることにまったく気づいていないのです。

　クレームを言ってくれないのは自分がクレームを聞く耳をもっていなかったり、逆切れしてクレームを言えないようにしているからです。

　クレームにはいくつか種類があります。そのなかには性質の悪いクレームもあります。ストレス解消のためかもしれませんが、日常的に些細なことでもクレームを言ってくる人、お金などを目当てに悪意あるクレームを言ってくる人（施設スタッフではなく、患者さんや家族が多い）、非常識でお門違いなクレームを言ってくる人などがいます。こういう場合は確かに医療機関側が怒るのも無理はありませんが、そこで大人の対応ができれば大事にはいたりません。

　最初の受け答えが悪いと二次クレームに発展し、傷口を広げてしまいます。悪質なケースでは一層、言葉遣いに注意を払うことが大切です。まずは相手の話をキチンと聞いてクレームの本質を理解することです。こちらに非があれば素直に過ちを認めて、心から謝ります。そして、どのように解決するかを考えます。

　些細なクレームであってもその解決の積み重ねこそがクリニックのノウハウを構築するチャンスになります。

　最後になりますが、謝罪とは相手に伝わってこそ謝罪となります。

クレーマーの確定診断法

●クレームとクレーマーの境界線

クレームには正当なクレームと不当なクレームがあります。不当な要求や恫喝などを行う人のことをクレーマーと呼びます。

本来、クレームとは、単に要求の正当性を主張することを意味します。自身の被った損害を説明して、その損害に対して責任のある相手に、損害の補償を要求することです。

一方、クレーマーと呼ばれる人種の方々はストレス解消のため、または趣味として恒常的にクレームを行います。コンプライアンス遵守という企業の風潮もあり、これに便乗した好訴妄想的なクレーマーもいます。

一部企業ではクレーマーに対する専門対策班を設け、法的な妥当性も勘案しながら対処しています。常軌を逸したクレームは威力業務妨害罪や脅迫罪に問われる可能性があります。

医療におけるクレーマーも同様で、医師や看護師、薬剤師、ケアスタッフ等に対して法律の枠を超える要求をする患者さんや家族をクレーマーと呼んでいます。

医療の現場では当然ですが、各職種は法律を遵守しなければなりません。医師法、医療法、医薬品医療機器等法（旧薬事法）、介護保険法、その他のさまざまな法律のなかで仕事をしています。クレーマーは、各スタッフの言葉尻を取って、自分の要求を通そうとします。過剰に被害者を演じて、時には恫喝と思えるような行為に及びます。

こうしたクレーマーは、在宅医療の現場においても存在しま

す。医師をはじめ、各スタッフはクレームなのか、クレーマーなのかを判断しなければなりません。

●キーワードは「誠意を見せろ」

さて、僕はクレーマーか否かを判断するキーワードとして、患者さんや家族の言葉に着目し、「誠意を見せてほしい」と言った時点で、クレーマーと認定するようにしています。

本来、「誠意を見せてほしい」という言葉は一般人が使う言葉ではありません。この場合の「誠意」とは「お金」のことです。正直にお金がほしいというと、「恐喝」になってしまいます。明らかな恐喝をすると恐喝罪で警察に逮捕されてしまうため、遠回しな表現を使ってきます。

「誠意をみせろ」という同義語があります。

「誠意をみせろ」＝「オレの言いたいことは、わかるよな！」

クレーマーのパターンはいくつもあるようですが、まずは理不尽な「言いがかり」をつけてきます。医師や看護師、その他医療機関のスタッフの説明に聞く耳を持たず、最終的に高額な賠償請求を要求してきます。

クレーマーの方は理不尽な「言いがかり」を理不尽だとは思っていません。自分は正しくて、誰に恥じることない正当な主張だと思っています。医療機関や医師の説明を聞かないのは、自分が絶対に正しいと考える主張に対して、反論などあるわけがない、高額な賠償請求は正義の代償であり当然の要求だと考えているからです。

●「理路整然タイプ」と「感情激高タイプ」

クレーマーには大きく分けて２つのタイプがあります。１つ

は頭の良い理路整然タイプ、もう1つは感情激高タイプです。タイプによって対応方法は異なり、対応方法を間違えると余計に深みにはまってしまいます。

理路整然タイプの場合は、相手の要求に対してメモを取るなど互いに心理戦のようになります。一方、感情激高タイプに対して目の前でメモを取るという行為は逆効果になります。メモを取りはじめた時点で威圧行為と判断するようで、クレーマーの怒りは一気に沸点に達してしまいます。

在宅医療では医師が訪問していることが多く、クレームの第一報はクリニックの事務員が受けることになります。医師と患者さんや家族が自宅でどんな会話をしたかは事務員にはまったくわかりません。何もわらないなかでむやみに「すみません」と謝ってしまうとクレーマーにとっては好都合になります。その場で繕わずに、次のように対応して一度電話を切ることが大切です。

「早速調べまして、お返事申し上げます」

「上司と相談しまして、お電話いたします」

「わたくしの一存では判断いたしかねます」

また、クレームの電話に対して言ってはいけない言葉があります。

「でも」「ですが」「だって」「どうせ」

これらはクレーマーに対して絶対に使ってはいけません。気を付けてください。

宅配便と同じだよ

●待っている人の気持ち

　今から25年前、保健所の保健師（当時は保健婦）さんからクリニックにクレームの電話がありました。
　「先週は午後に診察に来たのに、今週は午前中に診察に来ました。先生は同じくらいの時間に来られないのですか？」
　僕にとっては在宅医療にかかわってはじめてのクレームです。医師に伝えたところ次のように言われました。
　「患者さんは自宅で寝ながら待ってるんだからいつ行っても大丈夫だよ」
　患者さんは医師に決まった時間に来てもらいたいのです。在宅医療ではこうしたことで医師を評価されてしまいます。
　寝たきりなんだからいつ行っても大丈夫——そんな風に思っていると、すぐに地域からソッポを向かれます。せっかくキチンと医療を提供しても評価は低くなってしまいます。
　自分自身（医師本人）もそうでしょう。自分が待つ立場であればきっとイライラするはずです。たとえば、宅配便がいつ来るかわからず家でずっと待っていたら、イライラするはずです。せめて午前中なのか午後なのか教えてほしいと思うでしょう。待っている人はいつ来るかわからないだけでストレスを感じます。

●事前に連絡するだけで印象は変わる

　医師に不満を言えない患者さんは多くいます。こうしたクレ

ームはケアマネジャーや訪問看護師、保健師などを通じて診療所にクレームが入ります。クレームに対して、「教えてくれてありがとう」と言える医師は在宅医療に向いています。「こっちは忙しいんだ！」と怒ってしまう医師は在宅医療には向いていません。

とはいえ、緊急往診の依頼が入り決まった時間に行けない場合もあります。来るはずの先生が一向に来ないと患者さんは先生を心配します。心配してクリニックに電話がかかってきます。

「来るはずの先生が来ない」

「途中で何か起きたのではないか」

先生の頭のなかは緊急の患者さんのことで頭がいっぱいです。こんなときはクリニックの事務員か看護師から「遅れてしまいます」と電話してあげたほうが良いでしょう。

「急患が出て緊急往診で他に行きました」とお話すれば、患者さんはちゃんと理解してくれます。自分が急患になったときにも来てくれると思うからです。「遅れてしまう」ということを連絡する、この1つが足りないだけで地域からの評判は悪くなってしまいます。

このクレーム以降はきちんと同じくらいの時間にうかがうようになりました。こういうクレームが在宅医療のノウハウとなっていくのですね。

家族は負い目があるからこそ強く出る？

●家族が抱く「負い目」や「罪悪感」

　老人ホームに入居しているお父さん、お母さんのもとへ毎週のようにお見舞いに来る家族がいます。とても仲の良い家族ですね。ところが、そんな家族のなかにもクレーマーが存在します。

　お子さんの多くは、長年育ててもらった親を老人ホームに預けることに対して負い目があり、自分たちで介護できない状況に罪悪感を抱いています。本当は自分たちで面倒をみたいのに、介護力や仕事の関係で老人ホームにお願いしています。そんな「負い目」や「罪悪感」を抱えた家族は、とかくクレーマーになりやすいようです。

　週末になって、その家族がお見舞いに訪れました。入居している母親に「具合はどう？」「老人ホームのスタッフはちゃんとしてくれる？」「食事は美味しい？」と、いろんな質問します。母親は「食事がおいしくないのよ」「いつでも自由にお風呂に入りたい」「他の入居者さんの声がうるさい」と不満を口にします。

　母親は慣れ親しんだ自宅へ帰りたいのです。そのため、老人ホームの悪口の1つや2つも出てきます。それを聞いた家族は老人ホームのスタッフに激怒します。

　「食事がおいしくないじゃないか！」
　「もっと頻繁にお風呂に入れてくれ！」
　「他の入居者に注意してくれ！」

こんなことからはじまり、要求はどんどんエスカレートしていきます。背景には、老人ホームに預けたことに対する「負い目」や「罪悪感」があります。母親の代わりに施設のスタッフを怒ることで、自分たちが介護をしているという錯覚に陥り、母親のためになっているという満足感を得ます。

　老人ホームのスタッフはたまったものではありません。本当は自分たちの代わりにお世話をしてくれているスタッフに感謝をするのが筋ですが、怒ることで自分たちの気持ちを埋めています。

　割と元気なうちに入居した母親も数年経つと、認知症や高血圧などの症状がだんだん悪化していきます。特に認知症は老人ホームに入居して生活環境が変わることで、急に進行することがあります。こればかりはどうにもなりません。家族は加齢に伴う身体機能の低下についても老人ホームのスタッフを叱責します。「認知症が進んだ原因は老人ホームの対応が悪いからだ」と言い出すのです。

　そんな家族もそのままクレーマーとして存在し続ける方もいれば、突然クレーマーでなくなる家族もいます。クレーマーでなくなる家族は、老人ホームに預けた「負い目」や「罪悪感」がどんどん薄れていくようです。お見舞いにも来なくなります。人の心理は難しいですね。

　最後までクレームを続ける家族は攻撃性がより強くなっていきます。毎週のように攻撃されるスタッフは、攻撃をされたことで萎縮してミスすることがあります。ミスをしてしまったときの攻撃は普段よりももっと激しくなります。

●クレーマーからスタッフを守るしくみが必要

　たとえば、お薬を飲ませ忘れてしまったとします。お薬の飲ませ忘れは確かに問題です。クレーマーの家族はこの1回のミスを何か月もずっと叱咤します。スタッフが烈火のごとく怒る家族の攻撃から早く逃れたいと思うのは当然の心理です。

　そのスタッフはその場から逃れたい一心で「薬局からお薬が届かなかった」「最初からお薬が足りなかった」「医療機関が処方し忘れた」などと嘘をついてしまいました。

　怒りの矛先はスタッフから薬局や医療機関へ変わります。医療機関に電話して怒りのマシンガントークがはじまります。医師は当然、カルテを見て、処方箋のコピーをチェックします。チェックすればスタッフの嘘がすぐにバレてしまいます。薬局でも同様です。

　医師や薬局は「老人ホームのスタッフが嘘をついた」と施設長などにクレームを入れます。こうなると、そのスタッフは八方塞がりです。結果的に貴重なスタッフがその老人ホームから退職してしまいます。

　本当の原因はクレーマーとの関係なのです。施設側でこのスタッフを守ってあげるしくみが必要なのです。医療機関や薬局でも本当の原因はこのクレーマーの家族にあることはわかっていたはずです。

　医療機関や薬局は施設長に話してスタッフの嘘をとがめるのではなく、連携してクレーマーにどう対応していくかを話し合わなければいけません。それぞれで対策を考え、このスタッフを守ってあげることが大切なのです。

家族構成と介護力

●一人娘はモンスター化しやすい

　私が普段なんとなく、ぼんやりと感じていることです。なんの根拠もありませんが、家族構成で介護に一定の共通点があります。在宅医療を受けている患者さんのご家族には次の5つのパターンがあります。

①一人娘が介護者の場合

　在宅医療でもモンスターと呼ばれる方がいます。これまで4〜5人ほどモンスター化を経験しましたが、その共通点は全員が一人娘で未婚、両親と娘さんの3人暮らしです。このパターンでは共通して娘さんがモンスター化しました。モンスター化の内容については、いつか機会があれば紹介したいと思います。

②一人息子が介護者の場合

　①と同様に一人息子でお母さんと2人暮らし。息子さんが仕事をしながら献身的に介護をしていました。このパターンではDVになることが多いです。俗に言う老人虐待です。しかし、虐待をする一方で一生懸命に介護もしています。親を愛しているのが周りから見ていてもわかるのに、時折、爆発します。介護ストレスがマグマのように溜まっているのでしょうか。

③娘2人が介護者の場合

　娘2人と両親という家族構成の場合、2人のどちらか一方が介護ヒロインとなっています。どちらか一方が徹底的に介護をしていますが、もう1人の娘はまったく介護をしません。臨床心理士になぜこうなるのか聞きにうかがったことがあります。

1人が介護ヒロイン、もう1人はまったくやらないというパターンになるのはなぜなのでしょう。

どうやら幼少期からの親の育て方に原因があるようです。数十年前の幼少時代から、両親はどちらか片方の娘さんに頼みごとをして、もう1人にはあまり頼みません。または子どもとの話し方で「○○ちゃんは、いい子だね～」などという言い方で数十年をかけて、洗脳されているとのことです。

もちろん、親のほうに洗脳している気持ちはないはずですが、幼少期から一方だけにお遣いをさせたり、お手伝いをさせたりということを自然にしているとのことです。

僕の周りにも2人娘を持つ若い夫婦がいます。確かにいつもお姉ちゃんにお願いをしています。お姉ちゃんはお母さんから頼まれて褒めてもらうことが嬉しくて仕方がないようです。そんな姿を見ていると僕は姉のほうに対して「こっちの子が介護をするんだな」と、勝手に思ってしまいます。

④娘3人が介護者の場合

僕のなかでは、このパターンが介護の理想だと思っています。これまで見てきた娘3人の家庭の共通点は、娘3人が介護の時間割表を作成して曜日ごとに交代で介護を行っています。特に一緒に同居しているわけでなく、それぞれの自宅からやって来て交代で仲良く介護しています。

幸いにして僕は3人の娘がいます。将来きっと娘3人が交代で僕の介護をしてくれると、淡い期待をしています。わが家も娘が2人のときはなんとなく次女にお手伝いをしてもらうことが多かったように思います。

3人目の娘が生まれて、三女が小学生になったとき、僕の奥さんはお手伝いの当番表をつくりました。お風呂掃除当番、ご

み出し当番、食事のあとのお片付け当番、新聞を取ってくる当番など円グラフのような当番表をつくって交代でお手伝いをしていました。

不思議ですね。2人と3人で自然と親の育て方が変わるのですね。この表を見て将来の介護は当番制になると確信しました。

⑤息子2人が介護者の場合

残念ながら、お嫁さん次第です。長年の嫁姑の関係が大きく左右するようです。嫁姑の関係が良好だったところは実の娘より献身的に介護をしてくれます。

ところが、長年にわたり嫁イビリをしてきた姑はいつの日か力関係が逆転して、嫁にイジメられる立場に変わります。積年の恨み、辛みがあります。介護が必要になったときに虐待になるようなこともあります。外部の人間から見るとひどい嫁に見えます。しかし、何十年にわたりイジメられてきた嫁からすれば、献身的に介護をできるような心境にはならないでしょう。

●高齢者虐待の区分

せっかくですので、高齢者虐待について少しご紹介します。2006年4月1日に「高齢者虐待の防止、高齢者の擁護者に対する支援等に関する法律（高齢者虐待防止・養護者支援法）」が施行されました。この法律のなかで高齢者虐待には区分があります。

①身体的虐待
・たたく、つねる、殴る、蹴る、やけどを負わせるなど
・ベッドに縛りつけたり、意図的に薬を過剰に与えるなど

②ネグレクト
・空腹、脱水、栄養失調のままにするなど

・おむつなどを放置する、劣悪な状態や住環境のなかに放置するなど

③心理的虐待
・排泄などの失敗に対して高齢者に恥をかかせるなど
・子ども扱いする、怒鳴る、ののしる、悪口を言う、無視するなど

④性的虐待
・懲罰的に下半身を裸にして放置するなど
・キス、性器への接触、セックスを強要するなど

⑤経済的虐待
・本人のお金を必要な額渡さない、使わせないなど
・本人の不動産、年金、預貯金などを本人の意志・利益に反して利用するなど

　⑤の経済的虐待については成年後見制度や認知症の度合いなどもあるので、判断は難しいですね。

　在宅医療を行う医療機関の医師が虐待に気づいた場合は市区町村の相談窓口への通報が義務化されています。市区町村によってルールは違いますが、市区町村の窓口にて相談後、行政が調査を行います。状態により市区町村から、警察への通報や告発を行うことになります。

　命に危険があるなど、状況によっては問題のある家族から引き離すなどの対策を講じます。しかし、ルールはありますが、現状としてはお役所の立場で家族から引き離すなどの処置を行うことは判断が難しく、実際に高齢者虐待が行われていても放置しているようなケースもあるようです。

●医療機関の通報義務

　医療機関が高齢者虐待を見つけたのにもかかわらず、そのまま放置してしまった場合、万が一事件となれば責任問題にもなりかねません。通報義務は守るよう徹底しています。高齢者虐待を見つけたら、わが身を守るために次の3つが最低限必要です。

①行政の窓口へ相談
②内容をカルテに記載
③ケアマネジャーや訪問看護師とケアカンファレンスを行い記録として残す

　市区町村では老人への虐待の実態調査を行っているところは多く、ホームページなどで調査結果を公表しています。高齢者虐待の件数は世間が思っている以上に多いようです。

　医療や介護の現場で高齢者への虐待を疑っても、実際に虐待かそうでないかの線引きは難しいようです。また、虐待と判断されても第三者が介入することは困難です。解決が難しい問題ではありますが、介護者のストレスを取り除くしくみや通報者を保護するしくみなども必要ですね。

在宅医に必要な身だしなみ

●相手に不快感を与えない

とある老人ホームから電話が鳴りました。

「すみません。入居者のご家族から○○先生は鼻毛が出ていて不潔だとクレームがありました。注意していただけませんか？」

在宅医療の現場では患者さんから医師に対して、「服装がだらしない」「不潔である」「腰パンである」「口が臭い」「鼻毛が出ている」「ふけがついてる」などのクレームが入ることがあります。クレームはすべての先生に入るわけではありません。ときどき特定の先生に対して入ります。

クレームがあれば当然、その先生に注意しますが、注意されて「そうかもなぁ」という先生もいれば、「どこが問題なのだろう」と悩む先生もいます。高齢者の基準は厳しいようです。

「身だしなみ」が大事ということになります。身だしなみの意味は、自分の服装や髪型などをその場にふさわしい姿に仕上げるということだそうです。場所や相手によって身だしなみを整えることが大切です。

医師や看護師と患者さん、もしくはご家族という関係性において相手に不快感を与えないことがポイントです。医療人としての身だしなみで一番のポイントは「清潔感」でしょうか。歯磨きや髪を整え、服装（白衣）や靴などには気を遣ったほうが良さそうです。目ヤニや鼻毛が見えたり、白衣が汚れていたり、においがしたりすると患者さんと家族は不潔に感じます。

医療は医師や看護師と患者さん、家族との信頼において成り立っています。不潔で非常識であれば患者さんの信頼は得られません。

●清潔感がないと信頼関係は築けない

　在宅医療はアウェイの医療です。病院や診療所であればあまり気にならないかもしれませんが、ご自宅や老人ホームでは医師の一挙手一投足が見られています。自分ではオシャレだと思っていても、それが医師や看護師として相応しくないものであれば相手からは不潔だと感じられてしまいます。

　看護師でしたら、爪を伸ばしたり、ネイルをしたり、厚化粧、鼻ピアス、ヘアカラー、タトゥー等も患者さんや家族からは不潔だとか、だらしがないと思われます。

　最近の若者ほどの腰パンではないとしても、腰の部分から下着が見えてしまえば、お年寄りからは「だらしがない」と感じられてしまいます。

　信頼関係のスタートラインにおいては、医療のスキルよりも身だしなみのほうが重要です。不潔でだらしない格好は信頼関係を損ねます。どれだけ良い医療を提供しても評価されることはありません。白衣や制服は常に清潔にし、何日も同じ白衣を着てはいけません。白衣はマメに洗濯をしてください。

　また、最近は身だしなみのチェックシートなどもありますので活用してみてください。そして、事務員の方が医師や看護師を注意する際は、プライドを傷つけないように上手に誘導してくださいね。

医師の話がやたらと長い

●医師の防衛本能が話を長くする

 医師や看護師に対する患者さんからのクレームの1つに、「話が長い」というものがあります。なぜか病気に関する要点をうまく話せない医師や看護師がいます。

 ダラダラ説明をするため、患者さんは要点がわからずイライラしてしまいます。優秀な医師や看護師は簡潔にわかりやすく病気について説明し、今後の治療方針を家族に提案します。

 話の長い医師は、なぜダラダラ話すのでしょうか？　ダラダラと長く話す理由は、医師の防衛本能にあります。自分を守るために考え得るすべてのリスクを説明しようとするのです。あとで患者さんや家族から「聞いてなかった」と言われたくない一心で「あれも」「これも」となり、確率の低いリスクのことまで全部話します。

 話の長い医師はカルテの記載もやたらと長くなります。小説ではないのかと思ってしまうほど小さい文字でたくさんのことを記載します。ダラダラ説明したことをダラダラとそのまま書くわけです。

 あまりにもたくさんのことを言うので、患者さんは判断に迷います。はじめに聞いたことを忘れてしまい、選択肢も多すぎるためどの治療内容が良いのか選べません。その結果、患者さんは「じゃあ、どうしたらいいのですか？」となります。僕が横で聞いていても「ベストはどれ？」と思ってしまいます。

 リスクを取りたくない医師は、自分が良いと思う方法は提案

せず、患者さんや家族に選ばせようとします。良い医師は治療方法について上位3つくらいを説明し、その治療方法のメリットとデメリット双方を話して、患者さんや家族に選択してもらいます。選択肢が10個もあったら素人のわれわれは選べませんよね。ましてやお年寄りの方には理解できないような難しい言葉を並べたりするわけですから、お年寄りは言われたそばから困惑し、判断できません。

　逆に選択肢をまったく出さない医師がいます。患者さんにきちんとした説明をしないまま自分が一番やりたい医療をやってしまう医師です。たとえ、その治療法がベストであっても結果的にトラブルになることがあります。医師には説明責任があります。

●話し上手よりも聞き上手が好まれる

　説明のワンセンテンスがやたら長い人もいます。これは医師よりも看護師に多いのですが、主語と述語がなくて日本語になっていません（これまでどうやってコミュニケーションを取ってきたのだろう？）。こういう人の文章は言葉と同じでレポートを見ても要点がまったくわかりません。

　ワンセンテンスが長い人の特徴は、話をしている間に中身が変化することもあります。もしかすると頭が良すぎるのでしょうか。頭のなかで同時に複数のことを考えているのかもしれません。そのすべてがワンセンテンスに盛り込まれます。

　ワンセンテンスが長いと、口を挟むタイミングが難しくなります。餅つきの餅をひっくり返す人のことを「返し手」と呼ぶそうですが、返し手は杵の動きが早すぎると返すことができません。会話の途中で割り込むと頭や手を杵で叩かれてしまいま

すね。

　まずは患者さんの聞きたいことをしっかり聞くことが大切です。話し上手よりも聞き上手のほうが患者さんに好まれますが、この場合は話し上手にもなっていませんね。

　患者さんのなかにはダラダラ長く説明してくれる医師が大好きな方もいます。「すごく丁寧に話してくれた」と大変喜んでくれるのですが、それはまた別の話です。

そりゃ治らないでしょ

●塗り薬が足りない

ある日、老人ホームの2階のスタッフから次のように頼まれました。

「先生、塗り薬が足りないので、今月はもう1本多めに出してください」

順調に治ってきていますね。今度は老人ホームの3階のスタッフから頼まれました。

「先生、塗り薬がたくさん余っていますから、今月はお薬を出さなくていいですよ」

患者さんの部屋の引き出しを調べると、同じ塗り薬が10本も出てきました。もしかして10か月以上も薬を塗っていなかったの？　スタッフさん、ちゃんと塗ってあげてください。

●消えた向精神薬

別の日に、老人ホームから電話がかかってきました。

「3日前に出していただいたお薬がもうなくなってしまったので追加で出してください」

処方した薬は向精神薬です。そんなはずはありません。可能性としては次の4つが考えられます。

①本当に3日間で全部飲んでしまった
②黙って勝手に誰か他の患者さんに使ってしまった
③誰かが持ち帰った
④反社会的勢力やネットなどで売りさばいてしまった

当然、①〜④すべてダメです。特に④に関しては、こんなことが起きていたら大問題です。
　「お薬を簡単にお出しすることはできません」と返事をすると、「じゃあ、結構です」と一方的に電話を切られました。
　そういう問題ではないのです。なぜお薬がなくなったのか、その原因を追究しなければなりません。

お金にシビアなはずの高齢者の矛盾

●高齢者の懐事情

「高齢者はお金を持っている」というのは昔の話です。年金が下がり、銀行の金利が下がり、消費税が上がり、医療費や薬局で支払う自己負担が上がり、介護保険料を支払うようになって、高齢者の預貯金はかなり目減りしています。

もう遠い昔のことのようですが、30年以上前は郵貯の定期預金の金利が6.5～11.91％という時代がありました。この頃の高齢者は年金と金利だけで預貯金を減らさずに生活していくことができました。もっとも預貯金でこれだけの金利が付くのですから、この頃の貸し出し金利はとてつもなく高い金利でし

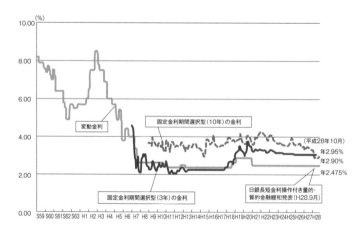

図表4-1 民間金融機関の住宅ローン金利推移(変動金利等)

出典：住宅金融支援機構ホームページ

た(**図表4-1**)。

　現在、インフレ率が4％くらいあるベトナムなどは30年くらい前の日本のような金利になっています。インフレ率が高い国では所得が上がりますので、借金をしても返済ができるのでしょう。しかし、デフレの続いた日本では低金利で、所得もなかなか上がりません。

●高齢者の最後の砦は持ち家

　私はエコノミストではないので、金利の話ではなく高齢者の話に戻します。現在の高齢者は預貯金を切り崩しながら生活をしています。医療費が前月より数十円上がっただけでも、理由を聞いてくる方が多くいます。何度も繰り返しますが、預貯金の減少にものすごく敏感になっています。

　自分の命の期限がわかれば、それに合わせて計画的にお金を使うことができますが、いつまでかわからず将来への不安が増大されるため、お金の使い方はシビアになっています。

　国は、高齢者の預貯金は減っていても資産はあると考えています。高齢者世帯(65歳以上)の平均貯蓄額は1,339万円、高齢者世帯で貯蓄がない世帯は16.8％になっています(厚生労働省「平成25年国民生活基礎調査の概況」)。

　高齢者の最後の砦は自宅です。高齢者のいる世帯の持ち家率は82.7％に達しています。全世帯の持ち家率は61.7％ですから、高齢者世帯は資産があるという状況です(総務省統計局「平成25年住宅・土地統計調査(確報集計)結果の概要」。日本でもこれからはリバースモーゲージが進んでいくのでしょうか。

●高齢者からのお礼は人気のバロメーター

　高齢者はお金にシビアで医療費などにはとても敏感ですが、看護師等へのチップにはとても気前が良いです。1,520円の医療費が1,600円になればすぐに電話で問い合わせが来ますが、1,000円や2,000円のチップはニコニコしながら看護師に渡そうとします。高齢者が看護師にお礼を渡そうとする理由は人それぞれでしょうが、ざっと考えられる理由を挙げてみます。

- 孫におこづかいをあげるような感覚
- 単にお世話になった感謝の気持ち
- 私を見捨てないで
- 家族などに会えない寂しさ
- 賄賂的考え
- 愛情表現
- 迷惑をかけていることへのお返し

　原則、どこの医療機関や老人ホームなどでも心づけの受け取りは禁止になっていると思います。お金に限らず、お菓子だったり、お茶を出したりなどは、いずれにしてもお年寄りの方の感謝の気持ちではあるはずです。どこまでが良くて、どこまでが悪いのか、その線引きは難しいです。

　在宅医療であれば、お年寄りの自宅まで往診してくれた医師に対してお茶を出して、お茶菓子を振る舞う行為は普通のことです。お茶菓子を食べながら雑談をするのも大切なことだと思います。外来のように3分診療にはなりません。

　農家のお宅へ訪問診療をしますと、毎回たくさんの野菜を持ち帰ってきます。僕からしたら、物納にしていただき、自己負担金はもらわなくても良いのではと思いますが、自己負担金を

もらわなければ健康保険法違反であり、医療費の返戻となってしまいます。野菜で支払うような制度も良いと思うのですが……。

とても不思議なのは、医療費の自己負担金を数十円単位で厳しくチェックする高齢者が、チップ、心づけに関しては払いたくて仕方がないということです。不思議な事象ではありますが、高齢者の気持ちがよくわかる事象でもあります。

ちなみにですが、頂き物が多い医師や看護師は人気があって、もらえない医師は不人気だったりもします。ちょっとした人気のバロメーターになっています。

訪問先で渡されたチップ100万円

●チップ100万円

夕方、看護師が訪問先からクリニックに戻りました。
看護師「中村さん、ちょっとお話が……」
中村「どうしたの?」
看護師「○○さんのところのおじいちゃんからチップをいただきました」
中村「へ〜、いくら?」
看護師「100万円です」
　500円や1,000円ならまだしも100万円!?　見せてもらうと帯付きの100万円です。
中村「ちょっと、チップの金額ではないね。何でその場で断らなかったの?」
看護師「断りましたよ。でも無理やり持たされました。断ると怒るし……」
　常識のある看護師で良かったと胸をなでおろしました。こっそりもらっていたらどうなるのでしょう。当然、100万円はお返ししなければいけません。
看護師「角が立たないように、こっそり家族に返しましょうか?」
中村「家族が本人に言わないと、あとで返してもらってないとかトラブルになるよ」
看護師「じゃあ、本人に返しましょうか?」
中村「ボケていたら、返したのに返してないって言われない?」

看護師「……」

　ということで、ご家族にすぐに電話をして事情を説明したうえで、クリニックに来ていただき、きちんと返した旨の覚書を作成してお金をお返ししました。

●貢ぎ物は感謝のしるし

　お世話になった看護師に何か受け取ってほしいと思う高齢者はたくさんいます。家に飾ってある絵とか、小さなオブジェとか、貴金属類とか、帰り際に必ずスタッフに渡す高齢者がいました。その高齢者のご家族と協議した結果、次のように頼まれました。

　「一度もらった振りをしてください。玄関に箱を用意しておきますので、その箱に入れておいてください。あとで元の場所に戻しておきますから」

　自分をお世話してくれていることに対する感謝の気持ちの表れなのでしょうね。オレオレ詐欺やお年寄りを狙った詐欺契約があとを絶たない理由がよくわかります。優しくされると、何かお礼をしたくなるのですね。

●訪問看護の登竜門

　訪問看護をはじめたばかりの新人看護師のなかには、入職して少し経つとお腹を壊す方がいます。お年寄りの方は医師や看護師が訪問するとお茶、お茶菓子、その他の食べ物など何かを出したくなります。それは訪問先の各家庭で出てきます。「わざわざ足を運んで来てくださった」というおもてなしの気持ちなのでしょう。

お年寄り「看護師さん、このパン食べてって」

看護師「(心のなかで) この菓子パンの袋はいつから開いているのだろう?」

　毎日のように食べさせられてお腹を壊したり、食べ過ぎて太ってしまう看護師がいます。そのうち、だんだんとお年寄りからの「これ食べなさい攻撃」をかわす方法をマスターしていきます。せっかく出してくれた物を断ることは、何か悪い気がしてしまいますね。

●地域のトイレポイントが重要

　訪問診療をしている医師や看護師はコンビニ、公園、パチンコ屋、ホテルなど地域のトイレポイントをチェックしています。お年寄りの家では必ずお茶やコーヒーが出ます。午前中だけで5軒以上訪問することもありますので、お腹がタプタプになりますし、トイレが近くなります。夏はまだしも冬の寒い時期はすぐトイレに行きたくなります。でも、患者さんの家でトイレをお借りすることは申し訳ないと思ってしまうのですね。そこで訪問診療の合間、合間のトイレポイントが重要になります。

　コーヒーだと1杯ですが、お茶は急須のなかのお茶がなくなるまで何回もお代わりが注がれることがあります。コーヒーは時間になったら帰ってください、お茶は長くいてほしいというサインでもあるようです。

●訪問診療の楽しみ

　毎週、必ず天丼大盛りが出てくる家がありました。こちらの患者さんのお住まいはご自宅兼店舗で2階がご自宅、1階は天ぷら屋さんです。必ず天丼が大盛り、しかもてんこ盛りで出てきます。そこで、この家には毎週木曜日の11時30分に到着す

るようにしました。訪問していたドクターはみるみる大きくなっていきました。

　話は変わりますが、普通、病院などで勤務している医師はずっと室内にいます。外に出ることはありません。しかし、在宅医療の医師は訪問診療や往診がメインですから、景色を見たり、お昼の美味しいお店を探すのが楽しみの1つになります。

　僕のいた診療所がある神奈川県の藤沢、鎌倉エリアでは、海が見えるレストランでランチをして帰るという楽しみがありました。平日の湘南は空いています。

　景色の綺麗な美味しいお店に昼間来ているお客さんは、僕たち以外はほぼカップルか女子です。先生と男2人で食べるお食事はなんとなく気恥ずかしい感じもします。

医療機関を悩ませる財産トラブル

●ホームヘルパーとの結婚は無効？

　寝たきりの高齢者の方がホームヘルパーと結婚しました。高齢者の家族は怒り心頭です。遺言がなければ、配偶者は財産の半分を相続します。どうやらこの家族は結婚が無効だという裁判を起こしたようです。これが在宅医療のクリニックと何の関係があるのかというと、大いに関係します。

　ある日、裁判所からお手紙が届きました。家族は「お父さんは認知症だから意思判断能力がなかった」ということを医師に証明してほしいというのです。意思判断能力がないから婚姻関係は無効だということです。その方が婚姻届を出したときに認知症の症状があったのかなかったのか、意思判断能力があったのかなかったのか……。

　現時点であれば検査をすれば良いのですが、過去のその時点がどうだったかを科学的に証明することはできません。カルテを見ても内科系の診察内容しか書いてありません。

　この高齢者からすれば、家族にはずっと放置され、ちっとも家に来ないのに、ホームヘルパーは毎日来てお世話してくれるのですから、ホームヘルパーに対する感謝の想いがあったのかもしれません。

●医師は客観的な事実しか話さない

　成年後見制度では逆のことがありました。2人の娘さんと2人の息子さんを持つお年寄りがいて、息子さんの1人はずっと

昔に家を飛び出したまま、ほぼ音信不通のような状態でした。しかし、お年寄りが老人ホームに入ってすぐ、勝手に成年後見人となってしまったのです。

　他の子どもたちは成年後見人の無効を求めて裁判をしました。今度はご本人に意思判断能力があって、成年後見人を立てる必要がないと主張したいらしく、意思判断能力があることを証明してほしいという依頼でした。

　医師はカルテを見て客観的に事実だけを話します。どちらかに肩入れするような診断はしません。介護のキーパーソンとしては長女さんが一番ふさわしいのですが、財産に関するトラブルにはこちらサイドから口を挟むことはありません。

　それぞれ子どもたちには目論見のようなものがあり、医師にこうしてほしいという要望がきます。特にどちらかに肩入れせず、事実だけを診断書に書いて、あとは裁判所の判断に委ねます。結果としてどちらかに軍配が上がります。そして、医療機関は裁判で負けてしまったほうから恨まれます。

　高齢者の財産に関するトラブルはあとを絶ちません。他にも養子縁組の制度でトラブルになることがあります。

生活保護にはプロがいる

●日本の社会の現実

　ある区営住宅に新規の訪問診療に同行したときのことです。そこは駅から徒歩5分の3DKの団地です。おじちゃんと息子さんの2人で住んでいます。お宅に上がるとおじいちゃんが寝ている部屋の隣の部屋にプラモデルやモデルガンなど、たくさんのおもちゃが所狭しと置かれていました。「コレクターかな」と思っていましたが、よくよく聞くとテキヤさんだそうです。おもちゃは屋台で売るための商品でした。

　先生が診察をはじめるより早く、「うちは生活保護だから」「医療費無料なんでどんだけ来てもらっても、どんだけ薬を出してもらっても構わないから」と言われました。こちらのお宅は親子二代の生活保護です。都内一等地の団地に安い金額で入り、収入はあるはずなのに生活保護を受給しています。これが日本の社会の現実なのだろうなと思った瞬間でした。

　翌日、別のお宅に新規訪問しました。こちらのお宅はおばあちゃんがベッドで寝たきりです。おじいちゃんとお孫さんの3人で暮らしています。介護者はおじいちゃんです。生活費がギリギリで経済的にきつく、医療費や薬局の自己負担金の支払いが困難だそうです。

　保健師さんは「本当は生活保護になったほうが収入は増えるからいいんだけど、お孫さんがアルバイトしているから世帯収入で引っかかっちゃうのよね〜。お孫さん、どこかで一人暮らししてくれないかしら？　貯金も微妙にあって、ギリギリ生活

保護になれないのよ」と言っています。

　お孫さんだって一人暮らしをしたら家賃もかかるし、アルバイトの金額では生活費も足りず独立できないのです。お孫さんはおじいちゃん、おばあちゃんの年金のおかげでなんとか生きているようです。

　おばあちゃん、おじいちゃんは「生活保護にだけはなりたくないのよ」と言っています。一番正しい意見だと思います。在宅医療をスタートしてからはじめて次のようなことを知った日になりました。
・生活保護にはプロがいること
・年金でもらう金額よりも生活保護費のほうが高いこと
・銀行の預金などがなく、こっそりタンス預金をしたら生活保護になれること

●生活保護と国民年金の現状

　在宅医療をはじめると社会のいろいろな問題に直面します。生活保護と国民年金の現状を比較すると**図表４－２**のようになります。

　長年にわたり、年金をこつこつと支払ってきた人よりも、年金を一度も支払わず生活保護を受給した人のほうが受給金額が高いという、なんとも矛盾のある制度だと思います。

　2015年、年金にマクロ経済スライドという制度が発動されました。賃金や物価の上昇や下落に連動して年金の受給額が変わるというものです。この制度が発動されたことで年金の制度そのものがなくなることはなくなりそうです。

　将来、自分が年金をもらう頃に日本の経済状況が今よりも上昇していることを望むばかりです。しかし、今の社会状況を見

ると、ほとんどの人の年金額は年々下がる可能性のほうが高いと感じています。アベノミクスの成功をお祈りします。

・年金は下がる→医療費や薬局の一部負担金の割合が上がる→支払額が増える＝老人はつらい
・税収が足りない→消費税を上げる→支払額が増える＝生活が苦しい
・少子超高齢社会で財源がない→病院、診療所の医療の点数が下がる＋消費税を転嫁するものがない／消費税の支払いが増える＝病院倒産

図表4−2 生活保護と国民年金の現状

【生活保護の現状】
　・受給世帯　163万9,525世帯（平成28年11月）
　・受給者数　214万5,930人（同上）
　・負担金　3兆8,000億円（事業費ベース／平成28年度当初予算）
　・受給月額（平成28年度最低生活保障水準）
　　生活扶助　8万870円（東京都区部の高齢者単身世帯）
　　住宅扶助　5万3,700円（同上）
　合　　　計　13万4,570円（同上）
【国民年金（老齢基礎年金）の現状（平成28年4月分からの年金額）】
　・年額　78万100円
　・月額　6万5,008円
※満額＝20〜60歳まで40年間保険料を支払った場合

出典：厚生労働省「生活保護の被保護者調査（平成28年11月分概数）」
　　　厚生労働省「生活保護制度の概要等について」（平成28年5月27日）
　　　厚生労働省「最近の社会保障関係費の動向について」（平成28年7月11日）
　　　日本年金機構ホームページ

老人ホームからの夜間の電話

●アリバイ工作的な夜間の往診依頼

　夜間、老人ホームから割と頻繁に電話がかかってきます。老人ホームのスタッフは36.9度くらいの微熱であっても、あとで患者さんの家族からクレームを言われないようにアリバイ工作的に医療機関へ電話をしてきます。

　電話をしないと何かあったときに責任問題になります。そのため医師に電話をしたという実績をつくります。ある意味、このご時世ですから理解できます。

　しかし、医師は36.9度くらいの微熱で「どうして電話をかけてくるの？」と思います。ましてや往診まで依頼されると理解ができないようです。

　一般的に36.9度の微熱でしたら、医療機関を受診せずに自宅で寝ていると思います。おそらく、電話をしてきた老人ホームのスタッフ自身も36.9度では受診しないはずです。

　クレームを言う家族も老人ホームでなく、ご自宅でしたらクリニックには電話をせず、様子を見て翌朝クリニックへ連れて行くのではないでしょうか。翌朝には平熱に戻っているかもしれません。

　老人ホームのスタッフがクリニックへ電話するのは、「なぜ受診させなかったのか？」とクレームを言う家族がいることを考えれば、仕方のないことなのかもしれません。

　しかし、医師が往診の必要がないと判断して、老人ホームへ往診に行かなかったことに対して、翌日、その老人ホームの施

設長からクレームの電話が入ることがあります。そんなクレームを一度でも経験した医師は、「必要ない」と判断しても往診に行くようになってしまいます。

●交わることのない三者三様の考え方

些細なことでも往診に行くことは、もしかしたらクリニックの差別化になるのかもしれません。患者さんや老人ホームからは感謝をされます。

しかし、高騰する社会保障費の問題を考えるとどうでしょうか？ 不要な往診は税金の無駄遣いなのかもしれません。当然、監査を行う国保、社保、支払基金、市区町村はクリニックのレセプトを見て査定をします。最近は往診の必要性もきちんと記入しなければなりません。返戻になる可能性もあります。

返戻をされるとクリニックの収入は下がります。しかし、収入が下がっても往診した医師の人件費は変わりません。

患者さんや老人ホームのスタッフは往診に来てほしいと思っています。医師はできれば深夜の不要な往診には行きたくありません。国や市区町村は余計なお金はかけたくないと考えています。

ジャンケンみたいなもので、それぞれが「グー」「チョキ」「パー」なのです。

老人ホームと精神科医師

●奇声を上げる高齢者

 ある日、老人ホームの看護師から「患者さんが奇声を上げたり、暴れたりするので、大人しくなるように薬を出してもらえませんか？」と依頼がありました。

 精神科の医師は、「ご家族の同意があれば出せますが、ご家族に内緒で勝手に薬を出すことはできません」と言いました。

 施設スタッフが家族に相談したところ、家族からは薬の処方を拒否されました。そこは自宅ではなく、共同生活を行う老人ホームです。老人ホームのスタッフは、この患者さんが他の入居者さんに暴行してしまうことを心配しています。概要をまとめると次のようになります。

・施設スタッフは他の入居者に迷惑がかからないように薬で大人しくなってほしい
・家族は薬を使いたくない
・患者さんを拘束できない
・医師の立場は施設側でも患者側でもなくニュートラル
・施設のスタッフは上手に医師から家族を説得してほしい

 こうしたケースで万が一、他の入居者さんに暴力を振るってケガをさせたりすれば、事件になってしまいます。最悪の場合、入居者さんや職員を殺してしまい、あっと言う間に社会問題に発展するかもしれません。このまま放置するしかないのでしょうか？

●迷惑行為に対する強制退去は可能か？

　老人ホーム側で他の入居者さんへ迷惑行為があった場合に強制的に退去させることはできるのでしょうか？　各老人ホームの契約内容によるのかもしれませんが、迷惑行為の範囲や程度の判断は非常に難しいと言えるでしょう。こうした問題は潜在的にたくさんあります。いずれにしても迷惑行為が起きなければ、何も問題はありません。単なる心配事で終わります。

　老人ホームには、認知症の方が入居されていることがあります。そのなかには、奇声を発したり、暴れる方もいるはずです。オープンしたばかりの老人ホームには、症状の軽い方ばかりが入居しているため、迷惑行為をする利用者さんはあまりいません。しかし、その一方で、スタッフが慣れていないこともあり、何かが起きると大騒ぎします。

　老人ホームはオープンから数年経つと入居者の方々の医療依存度が上がります。徐々に認知症になっていきます。患者さんの家族は新しくて綺麗な老人ホームを選びがちですが、スタッフの成熟度という視点も検討材料にすべきです。

●認知症高齢者による暴力行為が増えている？

　施設のスタッフの都合でお年寄りを大人しくさせるお薬を処方することはできません。認知症の方が事件を起こすこともあるでしょう。事件が起きたとき、老人ホームは管理責任を問われます。

　実際には、認知症高齢者の暴行事件はたくさん起きているようです。誰かが死んでしまったときはワイドショーで取り上げられます。なかなか解決の見えない問題ではありますが、過去

も今後も大きな課題であることは間違いありません。

　もう1つ一般にはあまり話題になりませんが、認知症の入居者さんが施設スタッフへ暴行することがあります。スタッフは痛みに耐えてよくがんばっているのです。

　施設スタッフによる入居者への暴行はニュースで流れます。しかし、その逆はほとんど表には出てきません。実際にはかなりの数があるようで、超高齢社会の課題の1つになっています。

老人ホームのパンフレットは誇大広告？

●病院にはそれぞれの役割がある

　老人ホームのパンフレットを見ると、提携している医療機関の名前が書いてあります。提携医療機関とは、訪問診療をしてくれる診療所と緊急時に入院させてくれる病院のことです。

　さて、老人ホームのパンフレットに物申すわけではありませんが、パンフレットには地元の一番大きな病院だけが提携病院として掲載されています。

　確かにその病院は提携医療機関で間違いはありません。老人ホームは中小病院より、地元の大きな病院の名前を掲載したほうが入居者は集まりやすいと考えて、一番大きな病院だけを掲載するのでしょう。スペース的に全部の提携医療機関を載せることが難しいという事情もあるのかもしれません。

　入居を考えているご家族は、「あの病院と提携しているなら大丈夫」と、安心して入居を決める方もいるでしょう。そう思ってもらえば、老人ホームの思惑通りかもしれません。

　病院にはそれぞれ役割があります。1つの病院ですべての医療を完結できるわけではありません。急性期病床、回復期病床、慢性期病床といったように、担っている機能が違います。

　外来受診や入院にはさまざまな目的があります。パンフレットに書いてある地域の大きな病院は、おそらく急性期の病院が多いはずですが、入院の目的が急性期治療であれば問題はありません。しかし、入院には検査入院、レスパイト（一時的な短期）入院、看取りを目的とする入院、中心静脈栄養法や胃ろう

を挿入するための入院などがあります。それぞれの目的に応じて入院先の病院を選択しなければなりません。

パンフレットを見た高齢者やご家族のなかには、パンフレットに掲載されている医療機関が自分たちを優先的に診てくれると錯覚する人もいます。さらに、老人ホームのスタッフさんでも勘違いしている人がいて、提携病院に対して「うちは提携しているのだから、待ち時間なしで診てください」と苦情を言う人もいます。

●社会資源は上手に使おう

地域の病院はその地域の社会資源であり、それぞれ求められている役割が違います。社会資源は上手に使ってこそ社会資源になります。ほとんどの患者さんは地域の病院がどんな役割を担っているかを知りません。老人ホームの職員の方でさえ、その役割を理解している人は少ないのが現状です。

見出しに「誇大広告」と書いてしまいましたが、集客目的で確信犯的に掲載している場合は、「誇大広告」と言えるでしょう。しかし、実際には知らずにやっていることのほうが多いのかもしれません。

救急車で病院へ運ばれた利用者さんが、そのまま帰され、家族と一緒になってその病院の悪口を言っている老人ホームの職員もいます。社会資源の使い方が間違っています。

そして、あとになってその病院の役割を知った職員さんは、「知らなかった」「わからなかった」という言葉を使われます。築地市場の豊洲移転問題に対する元東京都知事のお言葉のようです……。

著者紹介

中村哲生
なかむら・てつお

1965年東京都生まれ。東海大学工学部卒業後、米国ペンシルベニア州テンプル大学へ留学。28歳のときに医療界に転進。2007年、医療法人社団南星会湘南なぎさ診療所を理事長の島田栄治氏とともに立ち上げ、事務長に就任。在宅医療コンサルタントとして多くの在宅医療専門診療所の開業支援に携わる。2017年3月より医療法人社団永生会特別顧問。

●表紙・本文デザイン
高田康稔(株式会社ensoku)
●本文DTP
株式会社明昌堂
●本文イラスト
もりまさかつ

JMP選書 1
コップの中の医療村──院内政治と人間心理

2017年5月15日　初版第1刷発行

著　者	中村哲生
発行者	林　諄
発行所	株式会社日本医療企画
	〒101-0033　東京都千代田区神田岩本町4-14
	神田平成ビル
	TEL 03-3256-2861(代表)
印刷所	図書印刷株式会社

Ⓒ Tetsuo Nakamura 2017, Printed and Bound in Japan
ISBN978-4-86439-565-6　C3034(定価は表紙に表示してあります)

日本医療企画 好評既刊書

辻　哲夫
西村周三
森田洋之
澤　憲明
秋下雅弘
平井みどり
前田圭介
戸原　玄
宇都宮宏子
渡辺美恵子
山崎泰広
加藤忠相
前田隆行
樋口直美
堀田聰子
高瀬比左子
小澤竹俊
岩本ゆり
上野千鶴子
川口有美子
下河原忠道
山崎　亮
村田裕之
小川利久

佐々木 淳が繰り広げる 24人の先駆者とのトークセッション

これからの医療と介護のカタチ

超高齢社会を明るい未来にする10の提言

世界で誰も経験したことのない、急流を下るような人口減少＋超高齢化。これまでの価値観や地域のカタチでは、この激変していく社会環境に対応できない。それでは超高齢社会を明るい未来にするために、何が必要なのか？ 医療介護界内外から注目を集める在宅医療のイノベーター佐々木淳が、医療・介護・地域づくりなどの専門家との対話を通して、さまざまな角度から新しい時代にあるべき私たちのカタチを考える。

好評 大重版!

■編　著：佐々木 淳（医療法人社団悠翔会理事長）
■定　価：2,000円+税
■体　裁：A5判／352ページ
■ISBN：978-4-86439-516-8

(株)日本医療企画
〒101-0033　東京都千代田区神田岩本町4-14 神田平成ビル
☎03-3256-7495　FAX 03-3256-2865
[関東支社]☎03-3256-2885　[関西支社]☎06-7660-1761　[九州支社]☎092-418-2823
[北信越支社]☎076-231-7791　[中部支社]☎052-209-5451　[北海道支社]☎011-223-5125

詳しくは　JMPオンラインブックストア　[検索]
ご注文はインターネットが便利です／全国書店でもお求めになれます
http://www.jmp.co.jp/